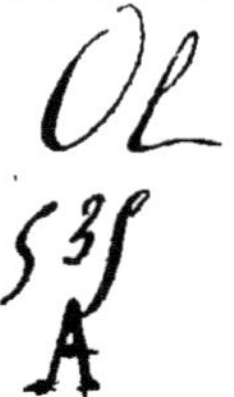

DES

TROIS DERNIERS MOIS

DE L'AMÉRIQUE

MÉRIDIONALE

ET

DU BRÉSIL.

SE VEND:

A Bordeaux, chez { GAYET, libraire.
{ Madame veuve BERGERET, libraire.

A Strasbourg, chez TREUTTEL et WURTZ, libraires.

A Montpellier, chez GABON, libraire.

A Bruxelles, chez LE CHARLIER et DE MAT.

A Marseille, chez MASVERT, libraire.

A Rennes, chez de KERPEN et DUCHESNE, libraires.

A Lille, chez VANACKERE, libraire.

A Clermont-Ferrand, chez THIBAUT-LANDRIOT, imp.-lib.

A Amiens, chez ALLO.

A Vienne (Autriche), chez SCHALBACHER, libraire.

A Londres, chez { BOSSANGE ET MASSON, 14 Great-Marlbo-
rough-Street.
TREUTTEL et WURTZ, libraires, 30 Sho-
Square.

A Amsterdam, chez { DELACHAUX, libraire.
{ DUFOUR, libraire.

A Manheim, chez FONTAINE.

A Varsovie, chez GLUCKBERG et comp., libraire.

A Perpignan, chez ALZINE, libraire.

A Breslaw, chez Th. KORN, libraire.

A Turin, chez BOCCA, libraire.

A Genève, chez PASCHOUD, libraire.

DES
TROIS DERNIERS MOIS
DE L'AMÉRIQUE
MÉRIDIONALE
ET
DU BRÉSIL,

SUIVIS

DES PERSONNALITÉS ET INCIVILITÉS DE LA QUOTIDIENNE
ET DU JOURNAL DES DÉBATS.

PAR M. DE PRADT,

ANCIEN ARCHEVÊQUE DE MALINES,

Auteur de l'*Ouvrage sur les Colonies.*

DEUXIÈME ÉDITION,
revue, corrigée et augmentée.

PARIS,

F. BECHET, LIBRAIRE,

RUE DES GRANDS-AUGUSTINS, N° 11.

AOUT 1817.

AVIS.

Les formalités voulues par la loi ayant été remplies, je poursuivrai devant les Tribunaux les Contrefacteurs ou Débitans d'Edition contrefaite; tous les exemplaires sont signés par l'Editeur.

AVERTISSEMENT

DE L'AUTEUR.

On donnera suite à l'écrit que l'on publie aujourd'hui, en analysant successivement les événemens qui auront lieu dans l'ordre colonial, à mesure qu'ils se développeront; mais on ne s'astreindra point, pour leur publication, à d'autre ordre qu'à celui de l'importance de ces mêmes événemens.

Les lumières des lecteurs corrigeront les fautes qui pourront nous échapper sur les localités, sur les acteurs, sur les faits; et leur justice, en tenant compte de la distance des lieux, de la nature et de la lenteur des canaux qui nous transmettent les informations, ainsi que des intérêts qui les interceptent ou les dénaturent, nous épargnera les reproches.

DES

DES
TROIS DERNIERS MOIS

DE

L'AMERIQUE MÉRIDIONALE

ET

DU BRÉSIL.

———

DEPUIS vingt ans, nous avons publié plusieurs écrits sur les questions coloniales. Une fois entré dans cette route dans laquelle le hasard, ou je ne sais quel instinct nous avait porté, il ne nous a plus été donné d'en pouvoir sortir.

Quiconque s'occupera de ce sujet avec l'intérêt qu'il commande, sera entraîné par le même attrait. Il en est de certaines questions, comme de certains hommes, qui, dès

1

qu'on les approche , vous font passer sous leur joug.

L'ouvrage *des Colonies* (1) date du mois de février dernier : pendant qu'on le composait à Paris , tout ce qu'il renferme de principes , comme tout ce qu'il énonce de conjectures se réalisait en Amérique. L'injure était encore sur les lèvres de quelques hommes que ces principes dépassent, et que ces annonces dérangent dans leurs calculs, et déjà ils avaient reçu une application complète dans l'hémisphère dont cet écrit analysait la condition élémentaire, et indiquait le sort à venir. Les *Débats* et la *Quotidienne* chantaient leur victoire , lorsque d'immenses catastrophes attestaient la vanité de leurs triomphes (2)... Ils n'étaient pas moins

---

(1) 2 vol. in-8°. Prix 12 fr. ; chez BECHET, libraire, rue des Grands-Augustins , n° 11.

(2) Voyez ce que la *Quotidienne* et le *Journal des Débats* se sont permis sur l'ouvrage *des Colonies*.

Voyez aussi la note à la fin de cet ouvrage, intitulée : *des Personnalités et Incivilités du* Journal des Débats *et de la* Quotidienne.

(5)

battus à Paris, que les Espagnols ne l'é=
taient en Amérique...

La victoire a placé ses arrêts entre les
détracteurs et nous. Nous n'avons donc plus
à nous en occuper. Qui a la victoire pour
vengeur, n'a pas besoin de rien mettre du
sien auprès d'un si noble soutien. Nous nous
étions proposé de présenter au public, à la
fin de l'année, le tableau des événemens qui,
pendant ce laps de temps, auraient eu lieu
en Amérique. Le rapprochement des principes de l'ordre colonial, avec les faits
qui se passent aux Colonies ; l'analyse de la
marche, soit progressive, soit rétrograde de
l'indépendance, nous avaient paru n'être pas
entièrement dépourvus d'utilité. Mais le
temps, ce terrible improvisateur, qui fait
ses calculs à part, et qui ne subordonne les
siens à ceux de personne ; le temps, qui
aujourd'hui vole avec des ailes armées de
faux, ne s'est pas soumis à nos petites
combinaisons. C'est à son heure qu'il faut
marcher, et non pas à la nôtre, si nous ne
voulons renoncer à ne plus l'atteindre. Nous

(4)

avons été réveillés au bruit des événemens vraiment immenses qui viennent de se passer dans l'ordre colonial.

Ce sont :

1° La querelle de la cour du Brésil avec l'Espagne, relativement à l'occupation de Monte-Video. L'intervention des cinq puissances.

2° L'indépendance proclamée à Fernambouc.

3° La tentative faite en Portugal, non pas contre le roi de Portugal, mais contre le roi du Brésil, régnant du Brésil en Portugal. Car ce n'est point contre l'autorité, mais contre l'absence du roi que le Portugal a conspiré...

4° La défaite et la mort du général Morillo, et le renouvellement de la guerre dans les sept provinces qui composent le royaume de Terre-Ferme.

5° La victoire de Buenos-Ayrès sur le Chili, l'agrégation de cette contrée à l'indépendance, et l'influence de cette victoire sur l'affranchissement du Pérou, de manière à compléter la destruction, l'effacement de la puissance espagnole dans l'Amérique méridionale ; tels sont les cinq grands faits qui sont venus dévoiler l'état présent et à venir de cette partie du globe.

Sans doute il serait très-facile d'ajouter à ces faits principaux des aperçus sur ceux qui, dans le même temps, ne peuvent manquer d'avoir eu lieu au Mexique et dans les Florides. Le principe d'action étant le même partout, les faits qui en découlent, doivent l'être aussi. La même tendance vers l'indépendance qui a triomphé au midi de l'Amérique, agit dans le nord de l'Amérique espagnole ; aujourd'hui cette tendance est si générale dans cette contrée, que l'on pourrait dire qu'elle est dans l'air qui l'enveloppe, et que tous les Américains veulent respirer. Mais comme cette seconde partie du théâtre est moins bien éclairée que la première, nous nous bornerons à l'analyse de celle-ci.

Avant de l'entreprendre, qu'il soit permis d'observer :

1° Qu'à la distance où nous sommes placés de la scène, avec les lents et étroits canaux par lesquels circulent les informations que l'Europe reçoit sur deux pays, sur lesquels on ne lui dit pas tout, il n'est possible de parler que des masses. Les détails ne peuvent nous appartenir, et d'ailleurs, ils seraient infinis... Mais ces masses, malgré leur isolement, nous suffisent ; elles fournissent des points d'appui ; et dès que l'on sait où poser son levier, on n'est plus embarrassé du fardeau qu'il doit soulever.

2° Que nous parlons seulement d'ordre colonial, de mouvemens des Colonies, d'intérêts relatifs aux Colonies, ou créés par elles, de circonstances propres à hâter, ou bien à arrêter l'essor des Colonies vers l'indépendance, et rien de plus ; que nous ne prétendons juger ni des droits des parties, ni de la moralité de leurs actions, mais seulement de la partie politique de ces actions, qui consiste dans leur origine, et dans leur résultat politique.

Quiconque nous prêtera ou exigera de

nous une autre intention , ou bien une autre direction , ou ne nous entend point , ou peut se dispenser de nous lire.

Il faut qu'il y ait sûreté en écrivant , comme en toute action de la vie , et pour cela qu'on ne cherche et que l'on ne voie dans un livre que ce qu'on a voulu y mettre, et ce qui s'y trouve en réalité.

BRÉSIL.

Une invasion force le roi de Portugal de chercher un asile au Brésil. Jamais prince ne se trouva dans une position plus singulière.

L'ennemi venait régner chez lui, sous son nom , à son profit propre, et non à celui du roi.

Restait-il à Lisbonne? Honorable captif, il perdait le Brésil de deux manières : 1° par la séparation de la Colonie qui se fût déclarée indépendante d'une métropole subjuguée par l'étranger ; le prétexte était honnête : le Brésil eût été aussi habile à en profiter que l'ont été le Mexique et l'Amérique méridionale : cela était immanquable ; 2° par la conquête que de leur côté les Anglais ne pouvaient manquer d'en faire, et par conquête, nous entendons l'émancipation favorisée en vue du commerce, comme cela a eu lieu à l'égard de toutes les Colonies. Les Anglais, amis du roi de Portugal à Lisbonne, où il protége leurs comptoirs, amis du souverain du Brésil, où il remplit pour eux le même but d'utilité, devenaient ses ennemis, lorsqu'il devenait l'otage ou le prête-nom de leurs ennemis : ainsi ont-ils fait avec l'Espagne, suivant qu'elle a servi ou combattu la France.

La position du prince était cruelle ; les dangers se montraient de toutes parts : long-temps son esprit fut perplexe, long-temps il hésita. Quitter un trône antique pour un trône nouveau ; la terre natale pour des terres nouvelles et lointaines ; abjurer une ancienne existence ; se créer de nouveaux sens, de nouveaux yeux, un nouvel état : un aussi grand parti exige de la force, et tel qui le

conseille, s'il était mis à l'épreuve, y regarde-
rait lui-même à deux fois. Cependant l'ennemi approchait ; quelques heures encore ,
on tombait dans ses mains , il fallait choisir. Une terreur plus grande est souvent
le moyen de surmonter une autre terreur :
c'est le contraire de la victoire que donne
le courage : un danger éloigné est moins
effrayant qu'un danger prochain. Enfin, le
signal est donné ; une double crainte a coupé
le dernier câble qui retenait encore au rivage
natal le souverain du Portugal ; il part ; et,
reçu sur les escadres de l'Angleterre, il va
montrer à l'Amérique le premier souverain
qui soit venu y porter un sceptre américain
entrelacé avec un sceptre de l'Europe....
Ombre de Pombal, tu dus tressaillir au bruit
de ce départ, en apprenant qu'elle était réalisée, après un demi-siècle, l'idée à laquelle
tu attachais le plus de prix, et qui attache
le plus de gloire à ton nom. Tu as joui des
consolations accordées aux génies méconnus.

Dans ce moment, tout fut changé en Portugal, au Brésil, et peut-être dans le Monde.

Le vaisseau qui portait le roi de Portugal dans le nouveau, portait dans ses flancs de nouvelles destinées pour l'univers.

Ce germe d'événemens si puissans fut alors à peine aperçu; il fallait tout ce qui vient de se passer pour y ramener l'attention.

Par le changement de la résidence du roi, tout l'ordre ancien du Portugal à l'égard du Brésil, et tout celui du Brésil à l'égard du Portugal, se trouvèrent intervertis; l'un prit la place de l'autre. Il y eut deux actions simultanées et opposées, dans le temps que l'on n'en apercevait qu'une seule et uniforme : car il se forma sur-le-champ deux nouvelles combinaisons entre le Portugal, devenu colonie, et le Brésil devenu métropole; entre le Brésil aspirant à conserver le roi, et le Portugal aspirant de son côté à le récupérer; entre le Brésil vivifié et enrichi par la présence du souverain, et le Portugal humilié, appauvri par son absence, et tout désappointé par son éloignement.

Ici se présentaient nécessairement deux actions, deux mouvemens.

1° Ce qu'allait faire le roi dans son nouveau séjour;

2° Ce qu'allait faire le Portugal dans son
nouveau délaissement.

En suivant ceci, on trouvera la clef de
tout ce qui est arrivé de part et d'autre. Pour
le bien comprendre, il faut demander 1° ce
qu'a fait le roi de Brésil depuis qu'il y est
fixé.

2° Ce qu'il devait faire.

Quant à la première question, on y ré-
pondrait fort bien par deux mots applicables
aux Gouvernemens quiétistes du midi de
l'Europe, aussi-bien qu'au Brésil, ce que
l'on faisait, rien ou presque rien. On laissait
faire en Portugal ; on ne faisait presque rien
au Brésil.

Lorsque la résurrection des souverainetés
abolies par Napoléon et par ses devanciers,
eut lieu en 1814, le retour du roi en Portugal fut annoncé. Nous devons au parlement
d'Angleterre, seul moyen qui existe en Europe, de recevoir des instructions un peu
étendues sur les Colonies, d'avoir appris,

par l'organe de lord Castlereagh, qu'à cette époque le roi projetait de repasser en Europe, et qu'il avait demandé une flotte au Gouvernement anglais pour l'y transporter : chose étrange, aussi contraire à l'honneur actuel du Portugal qu'à sa gloire passée, de voir le successeur des souverains auxquels l'Europe dut la connoissance de tant de terres, et dont le pavillon domina si hardiment les mers de l'Inde, réduit à ne pouvoir traverser l'Océan et se rendre chez lui qu'à l'aide du pavillon anglais!

Cette première résolution n'eut pas de suite; le prince resta au Brésil. Les ténèbres, dont les cours despotiques du midi aiment à s'envelopper, ont dérobé les motifs de la prolongation de ce séjour. Il n'est point déraisonnable de penser qu'il a eu deux causes.

1° La nécessité de ne pas s'éloigner du siége du mouvement qui agite l'Amérique espagnole. Le Brésil est placé au centre; il ne peut se soustraire à ses effets : par la translation du roi, il a acquis l'objet principal de ce même mouvement, celui de fixer le Gouvernement de ces contrées au milieu d'elles-mêmes. L'Amérique combat pour conquérir ce que le Brésil a acquis sans combats, et possède... un souverain indépendant de l'Europe, la fin de l'ordre purement colonial...

2° La difficulté de laisser le Brésil à lui-même, sans s'exposer à le perdre en retournant en Portugal : car on en est là. Le Brésil, après avoir joui de la présence du roi, après s'être flatté de le conserver, ne le restituera point sans une extrême répugnance et sans de très-graves conséquences : il faut y regarder, lorsqu'on pose certaines prémisses, et bien faire attention aux conséquences qu'elles peuvent avoir. Le Brésil ne rendrait pas le roi avec le même plaisir, le même empressement qui éclatèrent à son arrivée : avant de faire un pas comme celui-là, il fallait s'assurer que l'on pût revenir en arrière. La présence du roi au Brésil y est la vraie sauve-garde de la souveraineté de la maison de Bragance dans cette contrée, et son éloignement en deviendrait le terme. Le roi en partant laisserait l'indépendance dans sa capitale délaissée. Quoi qu'il en soit de la réalité de ces conjectures qui, réunies ou séparées, n'offrent rien d'improbable, le roi est resté au Brésil. La guerre était loin de ses frontières : car une grande distance sépare ses États de la rivière de la Plata. Le théâtre de la guerre s'éloignait en s'étendant vers le Pérou et le Chili, placés dans une direction opposée au Brésil. Artigas n'était pas inquiétant. Buenos-Ayres était trop occupé pour chercher à se créer un ennemi de plus en attaquant le Brésil.

Le maintien de la paix était donc dans les mains du gouvernement du Brésil, et cependant on ne tarda point à voir une flotte portugaise s'avancer contre Monte-Video, et les feux de la guerre s'allumer à la suite de ceux d'un double hymen. Après beaucoup de marches et de contre-marches dont le public ne pénétrait point le but, et dont le Brésil ne déclarait point le motif, Monte-Video fut occupé. Les proclamations furent ce qu'elles sont en pareil cas, la justice du droit, la tendresse pour les capturés, le bonheur pour tous. En regardant ces démarches par rapport à l'Espagne, on se demandait comment on faisait marcher de front une double alliance avec une invasion, comment on tirait l'épée en se donnant la main.

En regardant du côté de l'Amérique, on se demandait comment le souverain de l'étroit Portugal, transplanté naguère dans les espaces immenses du Brésil, s'y trouvait déjà trop à l'étroit, et y éprouvait le besoin de s'élargir aux dépens de ses voisins. On se demandait comment il s'exposait à la guerre avec des hommes dont le caractère opiniâtre devait lui être connu : car un Espagnol, pour être transplanté en Amérique, n'est pas moins tenace qu'en Europe, et les Portugais sont à portée de le savoir mieux que qui que ce soit. De plus, le Brésil provoquait à la guerre des hommes armés de principes diamétralement opposés à sa propre existence, comme il oubliait à la fois qu'il se trouvait au milieu d'un foyer de républicanisme, et que sa population etait formée, en grande partie, d'esclaves rongeant leur frein, et trop disposés à imiter leurs semblables, émancipés en tant d'endroits. Mais rien n'a pu le retenir; l'on a vu comme il s'est précipité dans cette fatale entreprise. Il faut que le bien mal acquis ait bien bon goût, pour vouloir s'en pourvoir à ce prix; mais s'il a bon goût, quelquefois aussi il est de dure digestion. Les choses en étaient là; les Portugais établis tant bien que mal à Monte-Video (1),

---

(1) *Times*, 10 *juin*. Nous apprenons que la frégate portugaise l'*Amphion*, arrivée de Monte-Video à Rio-Janeiro, y a apporté la nouvelle que les troupes portugaises de la Plata étaient dans un état complet d'insubordination, et que leur chef, le général *Le Cor*, avait informé son souverain que, si on ne lui envoyait point de nouvelles troupes et des munitions, il ne pourrait se maintenir long-temps dans le pays qu'il occupait. Il paraît également que le gouvernement de Buenos-Ayres a définitivement déclaré la guerre au Brésil.

Cette demande de renforts n'arrive point à propos. On sait que les Portugais de Monte-Video n'en peuvent sortir; ils y sont comme les Français étaient à Sarra-

Buenos-Ayres les menaçant, lorsque le roi du Brésil a éprouvé coup sur coup trois événemens fort propres à le faire rentrer en lui-même, et à aggraver ses embarras. Ce sont :

1° L'intervention des puissances.

2° L'insurrection de Fernambouc.

3° Le complot de Lisbonne.

Il paraît, d'après la notification des puissances, que la conduite de la cour du Brésil a aussi peu obtenu leurs suffrages, que la modération et la noble attitude de celle de Madrid a concilié leur estime à celle-ci, et lui a mérité leur appui. On en jugera par la pièce ci-jointe (1). Nous n'avons

---

gosse et dans les villes d'Espagne, enfermés dans leur enceinte, massacrés dès qu'ils en sortaient. Le bétail des plaines qui avoisinent Monte-Video, a été écarté par les gardiens : les Portugais y sont livrés à leurs propres ressources.

(1) *Déclaration des Cours médiatrices au Marquis d'Aguiar, Ministre Secrétaire-d'Etat des affaires étrangères du roi de Portugal.*

L'invasion d'une partie des possessions espagnoles

pas à nous occuper du fond de l'affaire
qui divise l'Espagne et le Portugal ; mais

---

sur la rivière de la Plata, par les troupes portugaises,
n'a pas été plutôt connue en Europe, qu'elle a été le
sujet des démarches officielles et simultanées faites de
la part du cabinet de Madrid auprès des cours de
Vienne, Paris, Londres, Berlin et Saint-Pétersbourg,
dans la vue de protester solennellement contre cette
invasion, et de réclamer leur appui contre une telle
agression.

Peut-être la cour de Madrid aurait-elle pu se croire
autorisée à recourir sans délai aux moyens de défense
que la Providence lui a fournis, et à repousser la force
par la force ; mais, guidée par un esprit de sagesse et
de modération, elle a désiré d'abord employer les
moyens de négociation et de persuasion ; et, malgré les
inconvéniens qui pouvaient en résulter pour ses possessions d'outre-mer, elle a mieux aimé s'adresser aux
cinq puissances ci-dessus mentionnées, afin de parvenir
à un arrangement amical avec la cour du Brésil, et
d'éviter une rupture dont les conséquences seraient
également désastreuses pour les deux pays, et pourraient même troubler le repos des deux mondes.

Une si noble résolution ne pouvait qu'être ac-
cueillie avec l'approbation entière et unanime des ca-

bien de ses résultats politiques dans l'ordre
colonial.

---

binets auxquels la cour d'Espagne s'est adressée.
Animées du désir de prévenir les funestes conséquences
qui pourraient résulter d'un tel état de choses, les
cours d'Autriche, de France, de la Grande-Bretagne,
de Prusse, de Russie, également amies de l'Espagne
et du Portugal, après avoir pris en considération les
justes réclamations du cabinet de Madrid, ont chargé
les soussignés de faire connaître au cabinet de Sa Majesté Très-Fidèle :

Qu'elles ont accepté la médiation qui leur a été de-
mandée par l'Espagne ;

Qu'elles ont vu avec une peine réelle, et non sans
surprise, qu'au moment même où un double mariage
semblait serrer plus étroitement les nœuds qui existent déjà entre les maisons de Bragance et de Bourbon,
et où une telle alliance devait rendre les rapports entre
les deux pays plus intimes que jamais, le Portugal ait
envahi les possessions espagnoles situées sur la rivière
de la Plata, et que cette invasion n'ait pas même été
précédée d'une explication ou d'une déclaration
préalable ;

Que les principes d'équité et de justice qui dirigent
les conseils des cinq puissances et la ferme résolution

Or , en poursuivant l'examen dans ce sens, nous trouvons que, par son agression contre Monte-Video , le roi du Brésil

---

qu'elles ont adoptée de conserver, par tous les moyens en leur pouvoir, la paix du monde achetée par de si grands sacrifices, les ont déterminées à prendre connaissance de cette affaire, avec l'intention de la terminer de la manière la plus équitable et la plus conforme aux intérêts et à la tranquillité des autres Etats;

Que lesdites cours ne se dissimulent pas qu'une querelle entre le Portugal et l'Espagne pourrait troubler cette tranquillité et occasioner une guerre en Europe, qui non seulement serait funeste aux deux Etats, mais incompatible avec les intérêts et le repos des autres puissances;

Qu'en conséquence elles ont résolu de faire connaître au Gouvernement de Sa Majesté Très-Fidèle leurs sentimens à ce sujet; de l'inviter à fournir des explications suffisantes sur ses projets, à prendre les mesures les plus promptes et les plus efficaces pour dissiper les alarmes bien fondées que son invasion des possessions espagnoles a déjà causées en Europe, et à satisfaire aux justes réclamations de l'Espagne, aussi-bien qu'aux principes de justice et d'impartialité qui dirigent les puissances médiatrices.

1° Exposait son pays à une attaque de la part des Espagnols;

2° Diminuait ses forces par l'emploi qu'en exigeait sa nouvelle possession , et l'opposition probable de Buenos-Ayres;

3° Portait à des mécontentemens intérieurs.

Les preuves de ces trois assertions ne se sont point fait attendre.

Le refus d'écouter des demandes aussi équitables ne laisserait aucun doute relativement aux intentions réelles du cabinet de Rio-Janeiro. Les désastres qui pourraient en résulter pour les deux hémisphères seraient imputés entièrement au Portugal; et l'Espagne, après avoir vu l'Europe entière applaudir à sa conduite pleine de sagesse et de mesure, trouverait dans la justice de sa cause et l'assistance de ses alliés des moyens suffisans pour le redressement de ses griefs.

Les Soussignés, en s'acquittant des ordres de leurs cours respectives, ont l'honneur d'offrir à Son Excellence le marquis d'Aguiar l'assurance de leur haute considération.

Signé, VINCENT, RICHELIEU, STUART, GOLTZ, POZZO DI BORGO.

Car, 1° Artigas s'est lancé sur la partie du Brésil qui avoisine son territoire ; il a fait à la fois la guerre et l'insurrection ; et quelle insurrection ? La plus désastreuse de toutes, celle des Nègres esclaves. De son côté, Buenos-Ayres, débarrassé des armées royales du Chili et du Pérou, enflé par ses succès, s'apprête à demander au Brésil un compte sévère de son agression. Qui sait jusqu'où le ressentiment menera ce nouveau Gouvernement, et s'il ne tentera pas de se débarrasser d'un voisin incommode, dont l'existence politique n'a plus rien de commun avec la sienne propre ?

2° Le roi du Brésil, attaqué par ses propres sujets, peut avoir le temps de regretter les troupes qu'il a comme perdues dans cette entreprise infortunée. Quel temps ne faut-il pas pour les ramener de Monte-Video à Fernambouc, et qu'en restera-t-il après tant de courses dans ces climats meurtriers ?

Dans cet acte, tout est donc aussi mal calculé en morale qu'en politique, et il est rare de réunir à la fois plus d'inconvéniens et plus d'inconvenances. Mais ce qui est le plus à remarquer, c'est comment, par cet acte, le gouvernement du Brésil, sans le savoir ni le vouloir, se faisait l'auxiliaire très-actif de l'indépendance américaine. Suivons ceci.

Le Portugal arme en Amérique.

L'Espagne arme en Europe.

Mais ces armemens sont pris sur ceux que réclamait l'agonie de la domination espagnole en Amérique. Tout ce qui est retiré des envois qui pouvaient y être faits, est donc autant de retiré des moyens de la combattre; ce sont autant d'allégemens en faveur de l'Amérique; par conséquent, le roi du Brésil faisait une diversion très-active en faveur de l'indépendance américaine, en forçant l'Espagne à retenir en Europe les troupes dont elle avait besoin en Amérique. C'est ainsi que dans ce moment le complot de Lisbonne, en la forçant de se prémunir chez elle, tourne encore au profit de l'indépendance américaine, et que le Portugal lui est aussi fatal en Europe que le Brésil l'est en Amérique, et que l'un lui nuit à ses portes autant que l'autre le fait loin d'elle... Voilà comme tout se tient et se perd à défaut d'être bien remarqué... Il y a plus : le roi du Brésil, en attaquant Monte-Video, se déclarait l'ennemi des indépendans ; en même temps par sa diversion il les soutenait en Europe ; il s'exposait en Europe aux coups de l'Espagne, en Amérique à ceux des indépendans, et compromettait à la fois ses anciens et ses nouveaux domaines.

2° Qu'avait à faire le roi du Brésil? La réponse est simple : le contraire de ce qu'il a fait... Le succès de cette direction aurait correspondu à l'infortune de celle qu'il a suivie.

Ici se développent dans tout leur jour les inconvéniens de faire gérer les affaires nouvelles par les hommes anciens, l'incompatibilité de la vieillese des idées et des mains avec la jeunesse des objets auxquels on veut les appliquer, ou que l'on prétend manier : c'est le procès de l'hiver contre le printems ; il est toujours perdu d'avance et avec dépens. Ceci vaut la peine d'être examiné.

Il faut de la force dans l'esprit et dans l'âme pour déposer les idées et les habitudes d'une vie entière. L'épreuve dépasse les facultés des hommes faiblement trempés. Si quelque chose cependant est propre à suppléer à ce qui manque à cette trempe, c'est la transplantation sur des terres entièrement neuves, et qui n'offrent aucun des objets que l'on avait l'habitude de rencontrer : alors on est aidé pour se détacher de soi-même. La métamorphose des choses peut produire celle des dispositions morales; les exemples ne manquent pas tout-à-fait, et l'on a vu des hommes qui avaient su la subir. Il faut donc, quand on est contraint de se détacher d'un ordre ancien, savoir adopter le nouveau dans lequel on se trouve placé, avec résignation, plénitude et fermeté. Le mélange du vieux et du neuf n'est propre qu'à les gâter tous les deux à la fois. La franchise de la marche sauve une partie de ses difficultés. Qu'avait donc à faire le roi de Portugal transplanté au Brésil? Se faire franchement Brésilien; cesser, de l'Amérique, de regarder le

Portugal d'un œil de regret ; d'avancer, et puis de reculer dans la route qui y ramenait. C'est là être mené par les événemens, et non point les diriger, comme il appartient au chef d'un Etat de le faire.

Au lieu de s'amuser à regretter un Etat aussi borné que le Portugal, une âme élevée, aurait remercié le Ciel de la nécessité qui l'avait portée sur des terres sans bornes par leur espace, sans limites dans leurs richesses, sans termes dans les nouvelles destinées que la révolution de l'Amérique prépare à l'univers. Vassal, ou inférieur de tout le monde en Europe, le roi du Brésil, en touchant la terre d'Amérique, acquérait un volume immense : il entrait dans la politique de l'univers, dans laquelle, par ses Etats d'Europe, il tient une si petite place. Assujetti dans son ancien séjour, il devenait indépendant dans le nouveau, et participait au système d'émancipation, qui est la nouvelle vie des contrées qui l'entourent. Par lui, la royauté conservait un point d'appui en Amérique, avec un représentant, et les trônes de l'Europe lui devaient de n'y avoir pas perdu toute espèce de ressemblance.

Voilà le rôle sublime auquel un intérêt bien entendu appelait le nouveau roi du Brésil.... Ajoutez qu'expulsé de l'Europe par une invasion, il ne devait jamais se permettre d'envahir.... Ajoutez qu'habitant l'Amérique, il devait être tout Américain; que, placé sur une terre où tout tressaille au nom de la liberté, il ne devait point présenter un gouvernement despotique à aucune de ses parties, et en élevant ses vues encore plus haut; ajoutez que, puisque le sort l'avait donné à l'Amérique, il devait se faire adopter par elle en se liant franchement à sa cause, et en abrégeant par là les douleurs que lui cause l'enfantement de la liberté. Alors le *nouveau-né* de l'Amérique devenait son égide, et la reconnaissance attachait l'Amérique à son char. Il a eu le choix entre ce rôle et celui qu'il a joué : Pombal et Richelieu n'eussent pas balancé. Mais il y a des hommes bien étranges sur la terre; ils s'imaginent que, dans l'humanité, tout est attaché à leurs seules personnes, à leurs idées, à leurs habitudes; que le monde s'abstient de tourner et s'arrête, dès qu'il arrive jusqu'à eux; qu'il respecte leur commode fixité; qu'une abnégation éternelle et universelle de leurs intérêts propres est, de la part des hommes, la seule loi qu'ils se soient imposée à leur égard, et qu'heureux de leurs sacrifices, ils marcheront toujours, sans détourner la tête, dans la route où l'on daignera les pousser. J'ignore jusqu'à quel point ces idées ont dominé au Brésil; mais il est bien évident qu'il y a régné une forte méprise sur la nature du système que l'on avait à suivre : que l'on en juge par l'état dans lequel se trouve ce Gouvernement. Menacé de représailles par Buenos-Ayres, de soulèvemens par une partie de ses sujets d'Amérique, d'une attaque par l'Espagne en Europe, d'une séparation par Lisbonne, d'une intervention irrésistible de la part des puissances, comment peut-il sortir de ce cercle d'embarras qu'il s'est créé, par un autre cercle d'erreurs, sans dommage pour

ses intérêts matériels, et pour sa considération morale et politique? Il faut plaindre les
malheureux peuples dont le sort se décide
par des hommes qu'aucune lumière véritable n'éclaire, qu'aucun exemple n'amende,
et qui datent tous leurs actes d'un monde
antique et usé, au milieu d'un monde re-
nouvelé.

Le Ciel a paru se complaire, au Brésil, à
rapprocher le châtiment de la faute qui l'a-
vait provoqué. Pendant que le roi du Brésil
s'amusait à envahir le territoire espagnol
au sud de ses états, ses sujets du nord lui
échappaient. Il déclarait à Monte-Video qu'il
lui appartenait, et Fernambouc lui déclarait à lui-même qu'il avait cessé de lui appartenir : il conquérait sur les indépendans
d'Amérique, et l'on se faisait indépendant
chez lui.

Tout ceci est curieux, et prête à beaucoup
de réflexions. Nous négligerons toute espèce
de considérations sur les droits et le personnel des nouveaux indépendans. Assez
d'autres s'en chargeront : c'est toujours la

partie la plus facile des affaires. Nous n'aurons pas non plus l'inconsidération de prononcer sur l'issue d'une lutte qui est à peine commencée. Nous nous bornerons à rechercher les effets de ce mouvement relativement au roi du Brésil, en particulier, et à la cause générale de l'indépendance en Amérique.

Quant au premier point, vainqueur ou vaincu, le roi du Brésil n'a rien à gagner. Que l'insurrection succombe, que Fernambouc, une des meilleures villes du Brésil, soit détruite, ainsi que le veut monsieur le comte d'Arcos, très-humain gouverneur de Bahia; le roi n'en sera pas plus riche : une ville ruinée n'a jamais enrichi personne; mais il n'y aura pas moins eu un exemple terrible d'insurrection donné à son pays ; mais il n'aura pas moins fallu tuer des hommes, dans un pays où la rareté de la population lui donne une si grande valeur; il n'aura pas moins fallu employer l'armée, et vider le trésor : car l'on ne tue pas des insurgés pour rien ; il faudra redoubler les frais de surveillance:en pareil cas on dépense plus, on retire moins. Une insurrection étouffée peut en cacher dix autres derrière elle. Où suivre, où prendre les agens des insurrections dans ces contrées sans bornes et sans police? Ce n'est point comme dans notre Europe, où de quart de lieue en quart de lieue, tous les postes sont occupés, tous les visages sont connus, tous les noms sont enregistrés, où un coup de sifflet suffit pour faire sortir, comme de dessous terre, une armée auparavant invisible d'arrestateurs, de gardiens, de juges, d'exécuteurs de leurs ordres. L'Europe vit sous une loi de police générale qui forme une chaîne dont divers ministres tiennent les deux bouts depuis Pétersbourg jusqu'aux colonnes d'Hercule; chaîne qu'il n'est donné à personne de pouvoir percer ou franchir. Mais que les terres nouvelles de l'Amérique sont loin de posséder ces moyens perfectionnés d'une surveillance redoublée! Elle est au *minimum* de ce dont le *maximum* afflige l'Europe. Il est

donc très-probable que les troubles conti-
nueront au Brésil en tout ou en partie.

A ce premier effet, il faut ajouter : 1° que
cette insurrection interdit au roi de quitter
le Brésil. Ce qu'il vient d'oser en sa présence, lui montre ce qu'il ferait en son absence ; et cela est d'autant plus fâcheux pour
lui, que jamais le Portugal n'eut plus besoin
de sa présence. 2° Que cette insurrection
lui fait une loi de se retirer au plus vite de
Monte-Video, pour employer à son propre
compte les troupes qu'il y occupait contre
d'autres. 5° Qu'il a à remercier les puissances
d'une intervention qui, au fort de ses embarras, le soustrait à la vengeance bien légitime de l'Espagne.

Quant au second point, il est bien évident qu'ici tout est profit pour la cause de
l'indépendance.

1° L'évacuation de Monte-Video le rend
forcément aux indépendans de Buenos-
Ayres, et les préserve de nouvelles tentatives de la part du Portugal. Par là, toutes

leurs forces resteront disponibles contre l'Espagne. 2° Il n'est point dit que cette retraite apaisera Buenos-Ayres, et le portera à son tour à ménager le territoire portugais du Brésil. Quelque généreux que soit le caractère espagnol, en général, cependant il ne passe point pour être porté à l'oubli des injures. Ce peuple appartient au midi de l'Europe, et cette zone à son tour appartient à la vengeance. De plus, la différence du mode de gouvernement peut agir sur la détermination des républicains de Buenos-Ayres, et si, par le plus grand des malheurs, ils venaient à mettre en mouvement les esclaves, que deviendrait le Brésil? 3° Si l'indépendance de Fernambouc prévaut, celle du Brésil en devient la suite nécessaire : ce qui complète l'indépendance de toute l'Amérique du sud, et sa formation en républiques. Si elle ne prévaut pas dans ce moment, l'exemple ne restera pas moins. Une partie des chefs et de leurs adhérens passeront chez les indépendans espagnols, et de là ne cesseront de fomenter des troubles dont l'indépendance sera toujours le prétexte et l'objet. Cet incident de Fernambouc, qui ne paraît rien, est majeur dans la cause de l'indépendance. Il faut observer que la partie du Brésil qui s'est déclarée indépendante, est du côté du nord où sont situées les parties troublées des possessions espagnoles : cela indique que le feu s'étend d'une manière graduelle, par la conflagration successive à laquelle prête la juxta-position des parties. L'incendie se propage suivant toutes les règles. Cette insurrection de Fernambouc est évidemment le résultat d'un plan et de calculs réfléchis. Il faut rejeter tout ce qui a été dit sur les exactions du gouvernement Brésilien. Il n'est point tyrannique ; il n'a point interdit le commerce ; il n'a point ajouté aux charges d'une manière oppressive ; il est exempt d'extorsions et de violences ; et ce qu'il éprouve n'est point la peine d'injustes rigueurs : au contraire, il est mou ; il est inappliqué ; s'il est étranger au mal, il l'est au bien, et voila le mal. Aujourd'hui ce n'est

plus assez pour les hommes que de n'être pas
vexés, on veut être aidé ; de ne pas être
garrottés, on veut être libre ; de n'être point
gouvernés , au contraire on veut l'être ,
mais d'une manière éclairée, et d'après des
principes fixes. Ce n'est pas le frein que
l'on redoute, mais la maladresse des mains
qui l'imposent : on veut sentir les rênes bien
maniées, pour leur céder son obéissance. Un
despotisme même insensible ne suffit plus :
on veut que la légalité se fasse ressentir ;
l'esprit du temps est tout entier à la légalité :
ce ne sont donc point des choses positives
qui ont fait l'insurrection de Fernambouc ,
ce sont des négations. On n'apercevait point
le Gouvernement, on a voulu en voir un
qui fût ressenti par ceux qui le paient , et
qui doivent en jouir. Quand, en comparant
la recette avec la dépense , on trouve que
l'une ne compense pas l'autre , que fait-on ?
que doit-on faire ?

A Fernambouc , la mollesse, l'éloignement ont produit l'indifférence, et celle-ci
à son tour a produit la séparation : les mê-

nages indifférens sont toujours prêts à se séparer. Nous placerons ici un aveu, celui de
nous être trompés complétement sur la direction qu'a prise le Brésil. A la vérité, nous
pensions que le souverain de ce pays à la longue ne pourrait se soustraire aux influences
de l'air qu'il respire dans son nouveau séjour, et que, devenu Américain par le lieu
de sa résidence, il ne pouvait manquer de
le devenir par le cœur. Aussi, étions-nous
loin de soupçonner de sa part une attaque
contre les indépendans de son voisinage,
ni la séparation d'une partie de ses états,
qui ont l'air d'avoir pris à l'égard de l'indépendance américaine l'initiative du rôle qui
lui convenait à lui-même; tant il est vrai que,
dans le temps actuel, les événemens dépassent toute attente, trompent toute pré-
voyance, et surprennent ceux-là même qui
craignent le moins de les envisager face à
face. Avouons aussi qu'il y a des fautes
auxquelles on n'a pas le droit de s'attendre.

Maintenant examinons l'affaire de Lisbonne. Elle est évidemment la suite du pas-

sage du roi au Brésil; et par là même, elle rentre dans l'ensemble du grand mouvement colonial dont nous analysons toutes les parties.

Pour ce dernier événement, du moins il n'y a pas lieu à surprise.

On lit aux chapitres 15 et 16 de l'ouvrage *des Colonies*, pages 51 et 52, vol. 2ᵉ, les passages suivans :

« Quant aux anciens rapports du Brésil avec le Portugal, il est bien évident qu'ils sont entièrement intervertis. Le gouvernement passé au Brésil n'enverra plus en Portugal les trésors du Brésil ; il les gardera pour lui-même, et les consommera sur les lieux. Cependant ces tributs servaient à acquitter la balance du commerce, qui était contre le Portugal d'une somme de plus de soixante millions ; il devra dorénavant faire face à cette dépense avec ses produits propres. Si le gouvernement du Portugal, métropole, s'occupait assez peu du Brésil, colonie, à son tour le gouvernement du Brésil, devenu métropole, n'accordera pas beaucoup plus d'attention au Portugal tombé dans l'état de colonie. Transporté dans un pays tout neuf en lui-même, comme tout nouveau pour lui, dans lequel tout est à faire, où tout est vaste, riche, où la nature est grande, féconde, imposante, où la population surpasse déjà celle du Portugal, et, par son mélange, demande des soins et une attention soutenus, le gouvernement du Brésil n'aura pas beaucoup de temps à donner à un pays éloigné qui lui paraîtra très-inférieur, sous tous les rapports, à celui qu'il occupera ; les grands, les hommes qui ont le besoin des cours, ne passeront-ils pas de Portugal au Brésil ? Le Portugal, devenu colonie, ayant à recevoir ses lois de loin, appauvri par le retrait des tributs du Brésil, par la suppression des dépenses de la cour et des grands, s'accoutumera-t-il à un changement par lequel il se sentira si vivement blessé ? Consentira-t-il toujours à rester dans un état de colonie dépendante, à supporter ce qu'il a d'humiliant et de fâcheux dans toutes les parties de l'administration ? Les deux fractions du même gouvernement ne se lasseront-elles pas de

relations si lointaines, si tardives, si incom-
modes ? Et le Brésil ne sera-t-il pas aussi peu
apte à gérer les affaires du Portugal, que le
Portugal l'était à gérer celles du Brésil ? De
plus, l'Europe verra-t-elle toujours le Portugal, colonie du Brésil, du même œil dont
elle considérait le royaume de Portugal, métropole du Brésil, co-état européen de tous
les membres de l'association souveraine de
l'Europe ? Ensuite, le souverain du Brésil ne
passera-t-il pas nécessairement des affections
de l'Europe aux affections de l'Amérique ?
Il ne peut manquer de devenir tout Américain et anti-Européen, dès qu'il s'est fait
extrà-Européen placé au centre du grand
mouvement qu'éprouve ce vaste continent;
il sera bien plus occupé de ce qui se passera
à ses portes, que de ce qui se passera loin
de lui. Ce changement, ce transport du
gouvernement du Portugal en Amérique,
dénature, dans son principe, l'état colonial
du Portugal; ou plutôt, en le rendant lui-
même colonie, il a fait qu'il n'y a plus de
colonies pour lui. »

Les causes du complot de Lisbonne sont là; il est bien superflu d'aller les chercher ailleurs. Ce n'est point contre le roi de Portugal que l'on a conspiré en Portugal, c'est contre le gouvernement du Portugal exercé au Brésil; ce n'est point pour n'avoir pas de roi, mais au contraire pour en avoir un en Portugal : voilà ce qu'il faut bien entendre, et ce qui était inévitable.

On éprouve cette espèce de malaise que produit la réunion de l'indignation avec la pitié, à l'aspect des contre-sens qui engendrent tous ces malheurs; car presque toujours ce sont les fautes des uns qui deviennent la cause des crimes des autres.

Un pays, habitué de tout temps à posséder son souverain, le voit s'éloigner, l'attend pendant beaucoup d'années, perd l'espoir de le recouvrer; son absence fait fuir les capitaux, détourne ceux que l'on avait coutume de recevoir; les consommateurs diminuent, les grands s'exilent à la suite de la cour : il faut aller chercher à mille lieues, à travers l'Océan, ce que l'on trouvait chez soi; les années s'écoulent dans l'attente des décisions demandées à des lieux si lointains; on est humilié d'être gouverné et gardé par des étrangers; les gênes se font sentir de toutes parts; l'irritation se communique et se réunit comme dans un foyer, dans des têtes ardentes et des cœurs généreux (1). L'affran-

---

(1) Les regrets des Portugais sont bien légitimes ; mais les móyens dont ils usaient sont bien cruels. Tuer, massacrer, assaillir à coups de fusil le chef des troupes anglaises, si justement considéré parmi eux : voilà d'horribles procédés; et malheureusement les peuples du midi de l'Europe, comme ceux de l'Afrique, dans leurs inimitiés, n'en connaissent pas d'autres. Voyez ce qui s'est passé pendant la guerre d'Espagne, pendant l'occupation du royaume de Naples ; considérez ce qui se passe dans toute l'étendue de l'Amérique; faites attention au débordement des crimes, des assassinats, des brigandages de toute espèce qui rendent l'Italie et l'Espagne impénétrables, sans les plus grands dangers, depuis que les Français s'en sont retirés. Ce penchant cette facilité qu'ont les peuples du midi à verser le sang dans toute querelle, soit politique, soit privée, forme

chissement de tant de maux paraît beau; pour l'obtenir, on conspire : le crime doit achever le succès ; on éclate, ou bien l'on est découvert; alors des chaînes, des bourreaux, des échaufauds.... Or, qui a amené tout cela ? L'abandon du pays par le souverain, avec les maux qui en ont été la suite. Les trônes sont des bénéfices à résidence. Il

---

un contraste bien frappant avec l'horreur que les peuples du nord ont pour l'effusion du sang, ainsi qu'avec la sûreté qui règne chez eux en tout pays et à toute heure. Le crime est très-rare au nord de l'Europe, dépourvue de l'échafaudage religieux, administratif, et des cours dispendieuses et despotiques qui pèsent sur le midi. Les cours du nord sont économes et simples, les mœurs calmes, les pratiques religieuses rares, le gouvernement tempéré. C'est tout le contraire au midi, et cependant c'est là que le philantrope Howardt a trouvé les prisons remplies, les crimes atroces, et l'assassinat en permanence. Est-ce donc que la superstition et la barbarie se tiendraient par la main, comme on est autorisé à le croire en considérant l'état de l'Espagne et de l'Italie, ainsi que celui de l'Afrique et de l'Asie.

y a deux intérêts incompatibles : celui du roi qui au Brésil ne veut pas se désister du Portugal, celui du Portugal qui ne veut pas se désister de son roi à Lisbonne, et là seulement. Ce qui vient de s'y passer, aurait eu lieu à Rio-Janeiro, si le roi était repassé en Portugal : ce n'est donc qu'un combat pour la présence du roi ; les intérêts sont inconciliables : celui du roi qui veut régner à la fois dans les deux pays, et celui des deux pays qui veulent, avec une égale force, garder chez eux le prince, qui cependant ne peut rester que dans un des deux, et qui font de son séjour dans leur sein la condition de leur obéissance. Le mal vient donc de la nature de cette double propriété ; le prince a un autre intérêt que le pays, et le pays un autre intérêt que le prince ; elle est très-bonne pour le prince, mais elle ne vaut rien pour un des deux pays. Il faut choisir, être roi de Portugal en Portugal, ou du Brésil au Brésil : les deux à la fois ne sont plus possibles. Aujourd'hui les hommes en savent trop pour ne considérer les gouvernemens que du côté de la satisfaction, des titulaires ; ils veulent aussi y trouver la satisfaction des besoins de la société.

D'un autre côté, les colonies devenues fortes, riches, peuplées, en savent autant que les métropoles, sont aussi exigeantes qu'elles, et veulent être gouvernées pour elles, et non plus par des préposés envoyés d'un autre monde, et toujours prêts à y retourner. Dans ce conflit, qui cédera, des colonies ou des métropoles? Tout ce vieil ordre a donc croulé; il est désormais impossible que le même souverain règne en Europe et en Amérique, à Lisbonne et à Rio-Janeiro. En vain torturera-t-on les hommes pour leur faire accepter cet imbroglio; la nature des choses, plus forte que ces tortures, finira par les surmonter; c'est elle qui conspire et qui prend pour organes quelques hommes dans le sang desquels on va chercher le remède au mal que l'on a fait soi-même.... Ils mourront; mais le sentiment qui a créé l'acte qui les conduit à la mort ne mourra point, parce que, si l'on peut tuer les hommes, on ne peut pas tuer la nature des choses. Quelque sévérité que l'on déploie contre le complot de Lisbonne, on n'empêchera point le Portugal de regretter son roi ; de l'envier au Brésil, d'être affecté des inconvéniens de son absence, et finalement de chercher à s'y soustraire, en replaçant à Lisbonne le siége du gouvernement.

Que l'on dise ce qui arriverait en Angleterre, en France, en Espagne, si les rois de ces divers pays étaient établis depuis dix ans, sans apparence de retour, à la Martinique, à la Jamaïque, à la Havanne ? Que deviendrait le royaume des Pays-Bas, si le roi se transportait à Batavia ? On voit maintenant à quoi tiennent les conspirations faites en Europe, pour ou contre les souverains établis en Amérique, et voulant de là gouverner en Europe. Il fait beau voir adjuger ces entreprises à l'esprit révolutionnaire, tandis que la plus simple attention suffit pour découvrir leurs véritables moteurs, qui ne sont autres que la nature des choses, et des hommes imprudens, qui, pour leur profit, veulent que cette nature des choses se plie dans un sens différent de celui vers lequel elle est conduite par les élémens dont elle se compose. On se place dans une opposition directe et éternelle avec les intérêts de tout un peuple, et l'on s'attend qu'il se tiendra là comme dans une position naturelle. En vérité, calculer la nature humaine de cette manière, c'est compter sur des perfections ou des imbécillités que l'on n'a pas encore découvertes dans sa composition. En voilà bien assez sur ce déplorable sujet. Le moyen de tout dire, est de laisser quelque chose à penser, et nous respectons trop les lumières de nos contemporains pour croire qu'on ait besoin de leur tout dire. Les papiers publics ont annoncé que le comte d'Aguilar, ministre de la cour de Brésil, mort, était remplacé par le comte d'Aranjo, moribond. Et puis on demande d'où proviennent les révolutions?....

BUENOS-AYRES.

Ce point est aujourd'hui le plus important du globe, celui qui décide des plus grandes choses. Quand on songe que c'est au sort d'un pays tel que l'Amérique méridionale, que c'est à la conquête et à la destinée du Pérou, du Chili, de régions auprès desquelles les plus florissantes contrées de l'Europe sont des théâtres de misère et de petitesse, que préside et travaille la glorieuse cité de Buenos-Ayres, on aperçoit quelle peut être son importance. Ni Tyr, ni Carthage, ni la ville d'Alexandre, ni celle de Constantin, ces cités qui ont tant occupé la fable ou l'histoire, qui ont tant exercé le génie des poètes et le ciseau des artistes, n'ont jamais exercé sur le monde une influence comparable à celle que Buenos-Ayres obtient dans ce moment. Depuis douze ans, la conduite de cette ville a été admirable. Attaquée deux fois dans ses murs par l'ennemi du dehors, deux fois elle le repousse, en conservant par les plus nobles efforts l'indépendance du joug étranger; fidèle à l'Espagne, tant que les liens avec elle ont pu se maintenir. Depuis lors, aucune privation, aucune perte, aucune menace n'a pu la détourner de la route qu'elle avait embrassée, celle qui conduisait à la liberté. Elle n'a pas cessé d'y marcher, de travailler à l'élargir : elle touche au terme. Boston et Philadelphie, berceaux de la liberté américaine, vous ne montrâtes pas plus de longanimité et de courage ;vous n'avez pas droit à plus d'admiration ; et il faut vous retirer vos honneurs, si l'on ne fait pas entrer Buenos-Ayres en partage avec vous.

Le territoire de Buenos-Ayres est immense : il comprend en lieues carrées.   145,000

La population s'élève à. . . . 1,100,000 h.

Le territoire du Chili qui vient d'être agrégé à la cause de Buenos-Ayres, comprend. . . . . 22,500 lieues.

Le territoire du Pérou, que l'on peut regarder d'avance comme faisant partie de la

même agrégation comprend une étendue
de. . . . . 30,390 lieues.

La population des deux pays s'élève
à. . . . . 1,700,000 habit.

C'est donc sur un total de 2,800,000 habitans qu'il faut calculer les forces de Buenos-
Ayres.

L'Espagne avait fait marcher deux armées
contre Buenos-Ayres.

La première venait du Chili, la seconde
du Pérou. Rien n'a été envoyé directement
de l'Espagne contre Buenos-Ayres.

L'armée du Chili a été détruite le 22 février, par le général Saint-Martin, dans un
combat dont le récit rappelle les bulletins
de la grande armée. A la suite de cette victoire décisive, le Chili a été soustrait à la
domination espagnole. L'armée de Buenos-
Ayres a pris possession du pays, et l'on se
disposait à porter de ses ports sur les côtes
du Pérou, une expédition libératrice du
joug espagnol, et propagatrice de l'indépendance.

Il est bien évident que ce mouvement

4.

forcera l'armée du Pérou qui campait auprès
du Potosi, au delà de la chaîne des Andes,
de repasser ces montagnes, à moins, ce qui
est plus probable, qu'elle ne se débande et
ne se réunisse aux indépendans.

C'est au moment de ces catastrophes que
se révèle toute l'impuissance de ces gouvernemens, toute l'ineptie des chefs, et le fol
orgueil des uns et des autres, qui, dépourvus de toute espèce de moyens, n'en étalent
pas moins des prétentions, n'en prennent
pas moins un ton qui ne convient qu'à la
puissance effective, et qui finissent, au moment de la chute, par ne montrer que de la
lâcheté et de la misère. Voyez leur proclamation, leur conduite et leur fin. Le Chili
vient d'en fournir l'exemple. La domination
espagnole sur ce vaste pays n'était maintenue
que par une poignée d'hommes. Une fois
l'armée battue, et quelle armée ! il ne s'est
plus rien trouvé pour sa défense. Le gouverneur, si haut, si insolent, quand il se
sentait appuyé, n'a su que fuir et se faire
prendre, quand ses appuis lui ont manqué.

Le Pérou va offrir le même spectacle. On n'y rencontrera pas plus de résistance : déjà les dépêches du général Saint-Martin annoncent qu'il ne s'y trouve pas dix-huit cents hommes ; et c'est avec un pareil délabrement qu'on veut maintenir l'Amérique sous le joug (1).

---

(1) Les papiers publics ont déjà annoncé que le vice-roi avait pris position en avant de Lima, pour s'opposer à l'ennemi qui a franchi la chaîne des Andes, et qui s'avançait en invitant les Péruviens à faire cause commune avec eux. L'on verra ce qu'il fera dans cette position en avant de Lima, et si elle n'est pas destinée à couvrir de nouveau une prompte fuite. Le vice-roi a débuté au Pérou par deux actes lumineux, très-propres à assurer la défense du pays.

1° Le rétablissement de l'inquisition dans toute sa pureté ;

2° La proscription absolue de tout écrit sur la révolution et les affaires du temps.

Il est bien évident qu'il ne manque rien à la défense d'un pays, avec de pareils appuis et de pareilles précautions, et que le Pérou doit être inconsolable de la perte d'un gouverneur aussi éclairé et aussi prévoyant.

« Il faut donc regarder toute la partie du continent américain, qui forme l'association de Buenos-Ayres, du Chili et du Pérou, comme indépendante. Quelle masse de territoire, de population, et de richesse! Quel moyen de la détourner du cours qu'elle a pris ?

Les événemens qui se sont passés à Buenos'-Ayres sont de la plus grande importance ; ils donnent à l'indépendance une assiette, dont l'Espagne ne peut plus ébranler la solidité.

ROYAUME DE TERRE-FERME.

Cet immense pays est celui de l'Amérique espagnole qui renferme la plus grande population agglomérée. Elle s'élève à près de trois millions d'âmes. Il a joui, pendant deux ou trois ans, antérieurement à 1814, d'un Gouvernement régulier, indépendant de l'Espagne. Plusieurs causes le lui ont fait perdre. Une des principales fut le parti que les moines tirèrent du tremblement de terre

qui, en 1811, engloutit la ville de Caracas.
Ces hommes qui en tout pays se montrent
les partisans zélés du despotisme, et les ennemis acharnés de la liberté ; qui, de plus,
considèrent la superstition comme le fon-
dement le plus solide des Gouvernemens,
étrangers qu'ils sont aux sociétés dans le sein
desquelles ils vivent, profitèrent de cette
catastrophe pour effrayer les Américains,
en leur présentant ce désastre comme une
marque du courroux du Ciel. Il n'est pas
étonnant que cette absurdité, pieusement
frauduleuse, ait obtenu crédit en Amérique;
il ne manque pas en Europe d'endroits où
ils auraient pu et osé la tenter avec succès.

L'Espagne, délivrée de l'invasion française,
envoya, en 1815, une armée de sept à huit
mille hommes contre ce pays... Morillo prit
Carthagène après un long blocus. Il s'avança
ensuite dans l'intérieur des terres, la menace
à la bouche, le glaive exterminateur à la
main. On pouvait suivre son passage à des
traces de sang et de feu. Long-temps l'Amérique conservera le souvenir de son appari-

tion. Ses premiers conquérans ne lui furent
pas plus funestes (1). Il s'empara de Santa-Fé

(1) *Proclamation du général Morillo, au moment de son départ de Santa-Fé de Bogota, pour aller porter du secours aux provinces de Venezuela.*

Habitans de la Nouvelle-Grenade, ne vous exposez point à perdre les dernières espérances qui vous restent. Vous voyez que la guerre a été terminée par une armée de frères envoyés par le roi. Sa bonté paternelle nous a recommandé d'en adoucir les maux; mais le bien n'est plus, quand le glaive est une fois tiré du fourreau : le massacre, l'incendie, tous les fléaux tombent sur le pays : plus de respect pour l'âge ni le sexe; le paisible laboureur abandonne ses utiles travaux. On ne voit plus que de féroces guerriers qui exécutent les vengeances d'un souverain irrité.

Extrait d'une Lettre adressée à un négociant de Plymouth.

Kington (*Jamaïque*), le 11 février.

Les dernières nouvelles reçues du continent ne cessent de nous offrir le tableau des massacres dont Venezuela, Caracas et le Mexique sont, depuis long-temps le déplorable théâtre. Ces contrées, jadis si flo-

de Bogota; et maître, par là, des deux
points les plus importans de la contrée, un

---

rissantes, aujourd'hui en proie à toutes les horreurs
de la guerre, et arrosées de flots de sang européen et
américain, semblent réservées à servir de tombeau,
et à leurs anciens dominateurs, et au peuple qui veut
s'affranchir de leur joug. Citadelles, villes, aldées
(villages), tour-à-tour prises et reprises trois ou quatre
fois dans l'espace d'un mois, et disputées avec autant
de valeur que de férocité, sont devenues des monceaux de décombres qui recèlent à peine encore quelques femmes et vieillards, misérables restes de leur
ancienne population.

Vos guerres d'Europe, soutenues par d'immenses
ressources et des armées colossales, n'ont rien offert
peut-être que l'on puisse comparer à cette foule d'actions sanglantes que l'Amérique voit tous les jours se
renouveler dans cette lutte à mort. Dans cette multitude de combats qui méritent d'être retracés un jour
par le plus vigoureux burin de l'histoire, la journée
d'Oltumba, dans le Mexique, est digne d'une attention
particulière. Morillo, qui se serait immortalisé dans
cette guerre par ses talens, tant militaires que politiques, et son incroyable activité, s'il n'eût souillé par
sa barbarie la gloire d'avoir, avec sept mille soldats

instant il put croire à la soumission de cette partie de l'Amérique. Mais cet homme, dans

---

dispersés sur une étendue de mille lieues, résisté deux ans à des myriades d'ennemis; Morillo avait, vers la fin de l'année dernière, dirigé sur divers points plusieurs de ses lieutenans, entr'autres Moralès, peut-être encore plus sanguinaire que lui, et le brigadier de la Torre qui ne paraît point avoir terni comme eux, par le sang et le pillage, ses succès militaires. La division commandée par ce dernier, partie de Mexico au commencement de septembre, rencontra, après quinze jours de marche à travers des forêts immenses, un corps nombreux d'ennemis sous les ordres du général Belgrano. Au point du jour, les tirailleurs espagnols aperçurent l'avant-garde de ce dernier sur les hauteurs d'Oltumba, non loin des lieux célèbres par une grande victoire que remporta Cortez sur les Mexicains, après que ceux-ci l'eurent forcé d'évacuer leur capitale. A six heures le combat s'engagea. La division royale était forte d'environ dix-huit cents hommes, dont à peu près huit cents Créoles avec quatre petites pièces d'artillerie. Les insurgés, au nombre de deux mille cinq cents, occupaient des hauteurs d'où ils incommodèrent d'abord beaucoup, surtout par le feu de leurs riflemens (chasseurs-ca-

lequel de hautes qualités militaires ne peuvent racheter ni le défaut de jugement, ni

---

rabiniers). Les Espagnols, qui étaient parvenus à placer leurs bouches à feu sur un mamelon, leur ripos-
tèrent bientôt avec succès. Les chefs des indépendans
prirent la résolution hardie de descendre dans la
plaine pour s'emparer de ces pièces; en même temps
un combat acharné s'engagea entre leurs lanciers et
un escadron de dragons du Mexique, seule cavalerie
de la division royale. Après plusieurs charges meur-
trières, ceux-ci, sur le point d'être enveloppés par un
nombre supérieur, se replièrent jusqu'au pied du mamelon. Les indépendans fondirent avec fureur sur
cette éminence, animés par l'exemple de leurs chefs
qui les précédaient de plusieurs pas en agitant leurs
drapeaux; ils parvinrent, après d'incroyables efforts,
et malgré le feu qui les écrasait, à s'emparer de deux
de ces pièces. Les canonniers qui servaient l'une d'elles
y mirent le feu, lorsque l'ennemi n'en était qu'à six pas;
et, après cette décharge qui abattit dix ou douze hommes, ils furent tués eux-mêmes sur leurs canons. Les indépendans se disposaient à tourner cette artillerie contre les Espagnols, lorsque ceux-ci marchèrent pour la
reprendre. C'est alors que commença le plus épouvan-
table carnage : on n'entendait plus un coup de feu sur

l'influence d'un fol orgueil , encore moins le
penchant à une férocité que l'on ne retrouve

---

cette colline, la baïonnette et le sabre servaient seuls
la rage des combattans. Plus de six cents hommes
tombèrent morts ou mortellement blessés sur les deux
pièces et les cadavres des canonniers. De ce nombre
fut, du côté des indépendans, un Dominicain natif
de la Vera-Cruz, nommé Lopez. Cependant ceux-ci
seraient parvenus à se maintenir en possession de leur
conquête, si, sur un autre point du champ de bataille,
la fortune ne leur eût été contraire. A la gauche,
adossée à un bois, était l'élite de la division royale ;
c'étaient quatre cents grenadiers espagnols commandés
par le major Galvez, et présentant une ligne de baïon-
nettes sur laquelle vint se briser plusieurs fois l'attaque
impétueuse de la cavalerie insurgée. Tout-à-coup, à
la cinquième ou sixième charge, ces vieux soldats
s'ébranlèrent eux-mêmes, et marchèrent en avant,
repoussant la cavalerie, et vinrent s'appuyer à la colline que les vainqueurs se virent forcés d'évacuer aus-
sitôt, crainte d'être coupés. Il était alors onze heures ,
et le soleil étoit si brûlant, que, malgré la rage des
deux partis, ils furent forcés de s'arrêter. Les uns et
les autres avaient perdu la moitié de leur monde, et
surtout beaucoup d'officiers; ils étaient épuisés de fa-

plus chez les Européens, ne s'apercevait pas
de deux choses : 1° qu'il traversait l'Amérique comme un vaisseau fend l'onde qui
se referme sur son passage ; qu'un corps de
troupes aussi peu nombreux que le sien ne

---

tigue et couverts de blessures ; mais des Espagnols et
des Américains étaient en présence. A quatre heures
l'action recommença ; elle fut aussi sanglante, mais
plus courte que la première. Vers six heures, les
troupes royales se retirèrent par les bois avec leur général blessé, laissant entre les mains des indépendans
leurs quatre pièces, un étendard, mais pas de prison-
niers : on n'en fait point dans cette guerre. Les vainqueurs étaient trop affaiblis pour les poursuivre. Cette
circonstance a été marquée par un trait d'héroïsme
digne d'un meilleur sort. Quarante de ces grenadiers
royaux dont j'ai parlé, retranchés sur une élévation
qu'entouraient trois cents insurgés, s'y maintinrent
jusqu'à ce qu'ils eussent épuisé toutes leurs cartou-
ches : alors réduits au nombre de quinze, ils descen-
dirent et moururent le fer à la main.

Les débris de la division royale ont tenté de rega-
gner Mexico ; mais il n'en est pas arrivé la moitié : le
reste a succombé à la fatigue ou aux blessures.

pouvait suffire à contenir un pays aussi vaste, et qu'il finirait inévitablement par se trouver enfermé au milieu de l'incendie qu'il croirait avoir éteint (1).

---

(1) La pièce ci-jointe est très-propre à faire connaître les difficultés de cette guerre du royaume de Terre-Ferme, et son auteur est une autorité irrécusable dans cette matière.

Rapport adressé par le général espagnol Morillo, du quartier-général d'Ocana, le 27 mars 1816, au Secrétaire-d'Etat à Madrid.

En voici quelques passages : L'Américain ne veut être commandé par personne, si ce n'est par un chef de son pays ; il n'obéit point à un Européen, surtout s'il est Espagnol ; ou, s'il obéit, c'est en attendant l'occasion de secouer le joug. Chaque province d'Amérique veut être gouvernée à sa manière ; ce qui est bon pour le royaume de Santa-Fé, ne produit aucun effet dans le Venezuela, quoique ces pays se touchent. Dans le premier, il y a peu de Nègres et d'hommes de couleur ; dans le dernier, au contraire, il reste peu de Blancs. L'habitant de Santa-Fé s'est montré lâche et timide ; celui de Venezuela, hardi et sanguinaire. Dans la vice-royauté (Santa-Fé), on écrit beaucoup,

2° Qu'il avait affaire avec des hommes
obstinés, puisqu'ils étaient espagnols comme

---

et les hommes de loi y sont accablés de besogne ; à
Caracas, au contraire, on termine les querelles par
l'épée. De là, les différens genres d'opposition que
nous avons éprouvés dans ces deux pays ; mais ils se
ressemblent par leur dissimulation et leur perfidie.
Les habitans de la vice-royauté ne nous auraient pro-
bablement pas résisté avec tant d'obstination, s'ils
n'eussent été protégés par les Venezuelaniens. C'est
en vertu du même secours, que Carthagène a tenu si
long-temps contre nous. Sur la droite de la rivière de la
Madelaine, il a été livré plusieurs combats : c'étaient encore les Venezuelaniens qui s'y distinguaient. La province stérile d'Antiquia nous a déclaré deux fois une
guerre à mort, et a fermé le passage de ses montagnes ;
c'étaient les Venezuelaniens qui les y excitaient.
Santa-Fé a pris les résolutions les plus désespérées,
d'après les insinuations des émissaires de Venezuela.
Bref, tout dans cette lutte est l'ouvrage de ce peuple.
Dans son propre pays c'est une horde féroce ; et si elle
est bien commandée, elle nous donnera de l'occupation pendant long-temps, et il faudra sacrifier bien du
sang et bien des trésors avant de la réduire à l'obéissance. A mon arrivée à la tête de cette expédition de

lui, et de plus, affermis dans leur résolution par les plus puissans motifs.

Sa Majesté dans ce pays, je fus frappé d'horreur en
apprenant que chaque action gagnée ou perdue coûtait
des monceaux de cadavres. Persuadé que cette guerre
de destruction était l'ouvrage de deux partis animés à
la vengeance, je crus que le temps était venu de déployer cette clémence tant recommandée par Sa Majesté ; mais, quel a été le résultat de la douceur ? De
nouvelles révolutions, de nouvelles perfidies ont suivi
l'apparence de la pacification ; et, si jamais la vice-
royauté se soumet, on pourra être persuadé qu'elle
attendra le moment favorable pour se révolter de
nouveau.

Or, pour la soumettre tout-à-fait, il faudrait employer des forces plus considérables, comme je l'ai
souvent répété. Il ne faut pas croire que ce soit l'ouvrage d'un jour ; ce n'est qu'à force de constance et de
rigueur qu'on pourra en venir à bout : maintenant
c'est la guerre des Nègres contre les Blancs. Pour éviter tout sujet de discorde, il faudra laisser le commandement suprême à un seul chef. Les rebelles, depuis
le Mexique jusqu'au Pérou, n'ont profité que trop
habilement de la jalousie qui existe naturellement
entre des généraux de différentes armes ; malgré tout

Tout cela n'a pas manqué d'arriver.

A son aspect, les indépendans s'éloignè-rent de Santa-Fé de Bogota, pour se réfu-gier dans la province d'Antiquia, où ils trouvaient de ces espèces de postes fortifiés

---

le soin que j'ai pris de maintenir parmi eux la plus parfaite union, je ne me flatte pas d'avoir toujours produit un résultat aussi rare. Je crois donc de mon devoir de répéter que, dans l'Etat de Venezuela, l'au-torité suprême doit être confiée absolument à une sëule personne; que cette autorité doit être illimitée; que les tribunaux ne pourront, sans de graves incon-véniens, suivre la marche ordinaire de la justice, que lorsque ces provinces auront été totalement pacifiées. Pour le moment, il ne faut considérer ce pays que comme un vaste champ de bataille, où la force seule décide, où le talent et la fortune font tout, où tout le monde doit se résigner à se taire et à obéir. Je ne veux pas faire illusion à Sa Majesté; mon unique désir est de ne pas perdre ce qui a été gagné, et de voir ex-terminer les rebelles. Voilà pourquoi je soumets à Votre Excellence les idées que m'a suggérées l'expé-rience. J'abandonnerais volontiers le commandement, s'il le fallait, pour prouver que mes conseils ne sont pas dictés par l'intérêt personnel.

par la nature, d'où l'on peut braver ses ennemis. Morillo ne put en déloger les indépendans. Pendant qu'il était occupé dans
ces parages, les mouvemens recommencè-
rent dans toute la partie maritime de Cumana et de Caracas. Une première invasion
de Bolivar fut sans succès ; bientôt une seconde lui succéda. Les troubles et les combats ont rempli tout l'espace de temps écoulé
depuis cette époque : ils durent encore (1).

---

(1) *Extraits de divers papiers.*

Les forces actuelles des indépendans de Venezuela,
sans compter les corps volans, peuvent être estimées
à sept mille neuf cents hommes d'infanterie, et deux
mille cinq cent cinquante de cavalerie. Si l'on y ajoute
les forces de New-Grenada, agissant dans Venezuela et
composées de cinq mille fantassins et trois mille cinq
cents cavaliers, les forces totales sont de douze mille
neuf cents hommes d'infanterie et six mille cinquante
chevaux ; l'artillerie ne monte pas à cent hommes.

Les troupes royales, d'après la correspondance in-
terceptée, doivent monter à cinq mille huit cent cinquante hommes. Il est certain qu'elles ont peu de ca-

Morillo, forcé d'accourir, poursuivi par les indépendans de la Nouvelle-Grenade, pa-

---

valerie. Ces forces sont réparties ainsi qu'il suit : sept cents hommes dans Cumana, dont quatre cents sont des troupes régulières espagnoles; cent hommes de milice à la Guyra; trois cents Espagnols réguliers et deux cents marchands enrôlés à Caracas; cent vingt vétérans espagnols à Puertocabello; le corps principal est à Orituco et Altagracio; il se compose de onze cents fantassins espagnols, deux cents dragons et sept cents hommes de milice : ces derniers sont à Altagracio sous les ordres du brigadier-général Moralès, que commande le général Real, chef des divisions d'Orituco, San-Fernando et Appure. Entre cette place et Calaboso, Gorrin est à la tête de cinq à six cents hommes. Près de Neutrias, le général Reyes a sous ses ordres cinq cents Venezuelaniens. Enfin, le brigadier-général Calzada est à Varinas avec mille hommes de Venezuela et de New-Grenada. Dans Guayana il y a quatre cents hommes de troupes espagnoles régulières et environ autant de milice. Dans Clarines, Ximenès commande quatre cents paysans armés. Dans Racarigua, Rio-Chico, Cariepe-Guyapo, et diverses autres villes des environs, il n'y a qu'un commandant nommé Gallaraga, qui a une grande influence sur les

5

raît avoir péri le 17 mars, dans la vallée de Saint-Josso, de la main d'un de ces chefs nouveaux, dont chaque jour révèle le nom

---

habitans qui sont désarmés. Il est à remarquer que sur les points importans de Calaboso, Valencia, Vittoria et Allaraca, il ne se trouve que quelques sergens et quelques caporaux qui instruisent des recrues.

Il faut observer que, depuis ce compte rendu, la bataille de Barcelona a détruit en partie les grands corps d'Orituco, d'Altagracio, ainsi que la division de Clarines. Quant à la marine, les Espagnols ont vingt et un vaisseaux, mais en mauvais ordre : il s'y trouve une corvette de dix-huit canons, deux bricks et trois schooners.

Toutes les espérances que les Espagnols avaient mises dans les secours qu'ils attendent depuis si long-temps de la péninsule, ou dans l'armée de Morillo, dont les gazettes annoncent tous les jours l'arrivée sur les frontières de Venezuela, sont donc réduites à ces faibles corps. Toute la province de Tunja est déjà en armes, et on a reçu la nouvelle que l'on se bat avec tant d'ardeur dans celle de Popayan, que Morillo a jugé nécessaire de s'y porter en personne avec presque toutes ses forces. Il est d'ailleurs certain que toute la province de New-Grenada est en combustion.

à l'Europe, et qui se forment en Amérique, comme en tout pays ont fait les chefs civils et militaires, éclos à la chaleur des grandes commotions politiques. Les autres corps espagnols, sous le général Moralès et autres, furent aussi fortement battus dans le courant du mois de mars. Ce résultat était inévitable. Depuis ce temps, les indépendans, plus au large par les succès, s'organisent au civil, au militaire ; ils forment une marine, ils se fortifient par tous les moyens que donnent un vaste territoire, une population nombreuse, aguerrie, exaspérée; par ceux encore que l'on peut obtenir de voisins qui soupirent après des succès qui, à leur tour, doivent leur devenir profitables; par la confiance qu'inspire une meilleure condition ; par l'accession d'une multitude d'hommes qui viennent mettre à leur service des talens courageux et turbulens ; enfin, par l'expérience qui doit les préserver du retour des fautes qui avaient causé leurs premiers revers.

L'accroissement des forces de l'indépendance dans le royaume de Terre-Ferme, apporte un accroissement immense à celle de l'Amérique entière ; car il met l'Espagne dans le double embarras :

1° De recommencer la guerre contre un ennemi plus fort, plus en état de se défendre ;

2° De cesser de combattre et de s'occuper activement de ce pays : ce qui est confirmer son indépendance qui étendra alors ses racines en liberté. Les événemens de la Terre-Ferme sont donc immenses dans l'ordre de la révolution américaine ; ils lui donnent des bases larges et profondes, et que l'on ne voit plus aucun moyen à l'Espagne de pouvoir ébranler. Nous allons développer les preuves de cette impuissance.

L'ESPAGNE.

Peut-elle et doit-elle continuer de travailler à reconquérir et garder l'Amérique ? Telle est la question que nous nous sommes faite à nous-même, dans l'ouvrage *Des Colonies*, chap. 21. Si, à l'époque de sa compo-

sition, nous ne balancions point à répondre :
Ni l'un ni l'autre, et pas plus l'un que l'autre, que doit-ce être aujourd'hui où tous les
motifs de cette décision ont été confirmés
par la sanction toujours irrésistible des faits ?

On y lit que l'Espagne est trop pauvre en
territoire et en population pour se mesu-
rer avec les attributs correspondans qui ap-
partiennent à l'Amérique.

D'un côté il y a.. . . . . 10,000,000 hom..
De l'autre.. 17,000,000
D'un côté, une étendue
de. .. . .   468,460 l. c.
De l'autre. . . . .   24,000.

Mais, depuis ce temps, l'Espagne ne s'est
ni élargie, ni peuplée.

On y lit que les armées d'Espagne sont
trop faibles pour équivaloir à un champ
aussi vaste que celui de l'Amérique. Mais,
depuis ce temps, ces armées n'ont pu être
augmentées ; au contraire, elles ont dû se
ressentir de la pénurie du trésor. On y
lit que les armées novices de l'Amérique,

après quelques revers, égaleront les vétérans de l'Espagne, se formeront à leur école, à celle du malheur, s'exalteront au feu du patriotisme, par l'exemple des auxiliaires que tant d'intérêts doivent leur amener ; que les armées d'Espagne, partout incomplètes, mal pourvues, sans abri, sans places de sûreté pour le personnel, ni pour le matériel ; dévorées par les feux du soleil, par les exhalaisons de terres empestées, succomberont aux fatigues, aux atteintes du climat, encore plus qu'à celles du fer ; que les renforts seront lents, faibles, disproportionnés aux besoins. Qu'a-t-il manqué à l'accomplissement de ces annonces ? Quel changement favorable est-il survenu en Espagne, qui puisse rendre ce tableau douteux pour l'avenir ?

Au contraire, tout ne porte-t-il point à rembrunir et à renforcer ses couleurs ?

A cette époque, l'Espagne possédait encore en Amérique le Chili et le Pérou ; elle y avait une autorité, des troupes, un trésor ; tout cela ne lui appartient plus : elle a de moins ce que ses ennemis ont de plus.

En Europe, loin que l'état de l'Espagne lui permette un plus grand développement de forces, la détresse toujours croissante de ce pays ne peut que la forcer à le restreindre.

Quelque soin que cette monarchie défaillante prenne de cacher son intérieur, elle ne peut cependant parvenir à dérober la connaissance de plusieurs faits, qui suffisent pour faire juger du degré de sa puissance et des moyens qu'elle peut encore déployer. Ces faits sont :

1° L'état politique du pays ; il ne se passe point d'année sans quelque conspiration contre l'existence du Gouvernement, de la part même des chefs de l'armée. Un pays livré aux moines, à l'inquisition, à un despotisme proclamé hautement au milieu des institutions constitutionnelles, qui forment la base nouvelle des Gouvernemens de l'Europe, ne peut être qu'un pays divisé. Il n'est point dans la nature qu'un pareil ordre de choses ait le suffrage universel ; il y a plus, c'est qu'en Espagne, comme en d'autres pays, ceux-là mêmes sur lesquels on s'appuyait, sont aujourd'hui les plus opposans. Voyez comme les grands et les prêtres s'opposent au nouveau plan de finances.

2° L'Espagne, comme l'Italie, est devenue un vaste champ de brigandage, sur lequel le crime et le détroussement des passans ont repris leur empire d'habitude. A l'étendue de leurs exploits, on jugerait qu'il y a à les dédommager de l'absence forcée que les Français, plus vigilans que les Italiens, leur avaient fait subir, et qu'ils vont se faire payer des arrérages de leurs anciens domaines. Cent fois les papiers publics ont annoncé que les crimes hideux avaient repris leur cours, interrompu par le régime français ; que leur répression occupait la plus grande partie de la force publique, et que si l'armée de Naples avait bien de la peine à protéger sa route de Naples à Rome, celle d'Espagne n'avait pas moins à faire avec les essaims de brigands qui en infestent toutes les parties.

3° L'Espagne n'a pas été plus épargnée par l'intempérie des saisons, que les autres Etats de l'Europe. La configuration de ce pays sec et montagneux a dû aggraver pour lui ce fléau ;

4° Le commerce de l'Espagne a été, va et ira toujours en déclinant ; il a pour siége principal l'Amérique. Or, depuis quelques mois, elle lui a presque entièrement échappé. Le commerce avec la mer du Sud a pris fin avec la perte du Chili et du Pérou ; celui de la Terre-Ferme est annulé par la prolongation de la cruelle guerre que l'Espagne a l'inconsidération d'y poursuivre. Au Mexique, il lui reste les ports d'Acapulco et de la Vera-Crux ; mais que sont des ports, lorsque l'intérieur du pays est ennemi ou fermé ? Autant vaut des lits de rivières sans eau. Le commerce de l'Espagne, déjà si faible, est donc destiné à baisser tous les jours.

5° L'Europe est pleine des tableaux de la pénurie des finances espagnoles.

D'après les états publiés à l'occasion du nouveau plan de finances, il paraît qu'elles se composent, comme il suit :

Revenus. . . . . 150,000,000 fr.

Dépenses de toute na-
ture. . . . . 521,000,000 fr.
Déficit. 371,000,000

L'unique moyen de remédier à ce désordre, à cette inégalité vraiment choquante
entre la recette et la dépense, peut se trouver dans le plan proposé par le nouveau
ministre des finances ; mais l'opposition des
hautes classes, si puissantes, si influentes dans
ces pays, y apportera de grands obstacles.
Il sera combattu par elles, et par là même
manqué. Il ne tient qu'à un homme, et
l'expérience a prouvé que, dans les cours,
jamais un homme ne résiste à la coalition
offensive et défensive des grands et du
clergé. Les ministres, comme leurs maîtres,
n'ont dans ces circonstances difficiles qu'un
seul appui véritable : celui d'une constitution bien établie. Or, ce n'est pas là le côté
fort de l'Espagne, et si elle est fort désirée
par les uns, elle est fortement repoussée
par les autres.

Les finances de l'Espagne sont donc in-
curables. La voie des emprunts ne lui pa-

raît pas trop ouverte : car, si, entre particuliers, on ne prête qu'aux riches, avec les
Etats on tient la même règle ; et de plus,
on exige qu'ils montrent leur code à côté
de leur bilan. Le crédit est ennemi mortel
de l'arbitraire : il ne veut absolument avoir
affaire qu'avec un ordre fixe, et n'accepte
que les lettres de change endossées par une
constitution. Ce n'est point à l'Angleterre
qu'il prête et se confie, mais à la constitution qui garantit la stabilité de son ordre
public. Le crédit s'est tenu éloigné de l'empire français, vainqueur et possesseur de
l'Europe, mais ne reposant que sur un
homme ; il s'est rapproché de la France
tributaire et garnison de l'Europe, mais ga-
rantie par des germes d'institution.

L'Espagne vivait, pour ainsi dire, de l'Amérique. Au lieu d'en rien recevoir, aujour-
d'hui il faut s'épuiser pour la combattre.

6° Quelque haut que fassent sonner les
envois en Amérique, soit l'Espagne, soit
des écrivains payés pour mentir, et qui s'i-
maginent peut-être que des annonces pom-

peuses, mais mensongères sur les envois
faits en Amérique, équivalent à des envois
réels; cependant il est bien reconnu qu'ils
se réduisent à quelques milliers d'hommes.
Il serait bien temps de finir ces jongleries,
comme de cesser d'insulter au bon sens de
l'Europe pour satisfaire les passions, ou la
crédulité de quelques imbéciles. Ne voilà-
t-il pas l'Espagne bien vengée des désastres
qu'elle éprouve en Amérique, par les injures, souvent grotesques, que distribuent
à ses ennemis des journalistes qui s'écrivent
à eux-mêmes les lettres dont ils décorent
des feuilles qui ne persuadent plus depuis
long-temps? Est-ce que l'Amérique est
domtée, parce qu'on tente d'en imposer
à l'Europe?

La vérité est que l'Espagne n'a pas pu dé-
passer 6,000 hommes dans les envois dirigés en dernier lieu contre ses Amériques;
et que sont 6,000 hommes contre de pareils
pays? Sur ce nombre, 1800 hommes étaient
destinés pour les possessions de la mer du
Sud. Elles les trouveront occupées par les

indépendans : ce sont des troupes perdues.

Le reste se partage entre la Havane et le Mexique, par paquets à peu près égaux de deux mille hommes ; et remarquez qu'il s'agit d'hommes embarqués, et non point d'hommes arrivés, et prêts à agir : ce qui est fort différent. L'Espagne n'a pas envoyé un homme contre Buenos - Ayres, non plus qu'au royaume de Terre - Ferme. Il est connu que le nouveau vice-roi du Mexique, pour se frayer la route de la Vera-Crux à Mexico, a dû se faire escorter par toutes les troupes venues d'Europe, et par les garnisons de Perotte et Vera - Crux ; tout l'empire de l'Espagne dans ce pays se réduit donc à peu de chose.

Pour agir avec vigueur et efficacité contre l'Amérique, il faudrait pouvoir accomplir ce qui est dit à la page 179 du second volume de l'ouvrage *Des Colonies* (1). Ajou-

---

(1) Il est donc très-probable que ses envois de troupes iront en diminuant, jusqu'au moment très-prochain auquel elle ne pourra plus y envoyer un seul

tez à tout ce qui vient d'être énuméré, que l'Espagne est doublement occupée en Eu-

---

homme : même en lui supposant les moyens qui lui manquent, comment proportionnerait-elle ses envois à des besoins variables, incalculables, à une grande distance du théâtre même des événemens, et qui, au moment de leur arrivée, ne correspondraient plus à l'objet qu'ils devaient remplir? Pour être toujours en mesure, et ne pas perdre le fruit de ses premiers frais, l'Espagne devra toujours tenir prêtes trois armées ét trois flottes : la première en Amérique, la seconde en mer, et la troisième en Espagne, sous voiles, pour courir au secours partout où elle serait appelée. L'étendue des colonies espagnoles exigera aussi des efforts proportionnés à l'étendue de ce vaste terrain : ainsi, il faudra à l'Espagne cinq armées pour contenir les cinq grandes divisions du Paraguay, du Mexique, du Pérou, de la Terre-Ferme et de la Nouvelle-Grenade, sans compter le Chili, la Havane et Porto-Rico. C'est donc par centaines de mille hommes, comme par centaines de millions, que l'Espagne aura à compter : elle s'est dépeuplée par la première conquête de l'Amérique; elle achevera par la seconde l'ouvrage de la première; mais sans une compensation semblable : car enfin celle-là lui avait valu ses Colonies, au lieu que celle-ci va les lui faire perdre.

rope par et contre le Portugal. Elle se pré-
cautionne contre lui depuis la découverte
du complot ; elle armait contre lui depuis
l'occupation de Monte-Video : des deux
manières, le Portugal retenait ses troupes
en Europe, et affaiblissait en proportion
ses moyens de guerre en Amérique. On a
annoncé plusieurs fois que les corps et les
vaisseaux réunis à Cadix, éprouvaient une
immense désertion : ce qui n'a rien d'étonnant dans l'état de pauvreté de ce pays, et
du dénûment dans lequel doit être tombé
tout ce qui le sert. Il faut, de plus, reconnaître que, dans la mobilité qu'impriment aux
affaires l'étendue et la variété des actes qui
doivent se passer dans un pays aussi vaste
que l'Amérique, l'envoi des renforts échappe
à toute espèce de calculs, et trompe toutes
les probabilités. On envoie pour un objet,
il a changé de face ; pour une action déter-
minée, elle est devenue impossible ; pour
une position connue, elle a changé : ce que
l'on allait chercher, n'a rien de commun
avec ce que l'on trouve ; ce que l'on avait

en vue, avec ce qui existe en réalité. Tels sont les inconvéniens attachés à des calculs faits sur des objets placés au loin, et sur une scène très-mobile.

Il est donc de toute évidence que l'Espagne ne peut plus rien, ni pour ni contre l'Amérique. Cela est fort douloureux : nous le concevons fort bien. Mais de quoi, en affaires, faut-il donc prendre conseil ? Est-ce de droits méconnus, et que l'on se trouve impuissant à faire reconnaître ? Est-ce du sentiment de la dignité blessée, des regrets pour une perte immense ?. Toutes ces affections ont, il est vrai, un principe d'honneur et de justice ; malheureusement tout cela ne remédie à rien, et c'est pourtant du remède dont il s'agit. Faut-il, pour satisfaire à des sentimens, d'ailleurs bien légitimes, continuer des tentatives infructueuses en elles-mêmes, ruineuses pour soi, oppressives pour ses ennemis, en l'exposant aux représailles que le ressentiment sait si bien dicter ? Car il ne faut point s'y méprendre : l'Amérique, exaspérée par une continuité d'atta-

ques; après avoir rejeté le sceptre de l'Espagne, peut aussi se fermer à son commerce :
c'est là le terrible moyen de vengeance que
les Colonies étendues et puissantes ont toujours en main contre les métropoles in-
flexibles dans leur insistance à imposer le
joug. L'Espagne a plus besoin du commerce
de l'Amérique que de sa souveraineté. Aujourd'hui cette souveraineté n'est plus bonne
à personne, au lieu que son commerce est
bon à tout le monde. Il n'y a plus que des
hommes étrangers au mouvement de l'univers et à celui des affaires qui puissent élever
des doutes à cet égard. L'Espagne doit donc
faire entrer soigneusement dans ses calculs
la probabilité d'une exclusion qui consom-
merait sa ruine. Elle peut avoir lieu de deux
manières : 1° par une interdiction formelle.
L'Espagne n'a rien à fournir exclusivement
à l'Amérique, rien que celle-ci ne puisse
également demander à toutes les parties de
l'Europe : l'Amérique n'a donc rien à perdre
en se séparant de l'Espagne.

2° Par la prolongatiou de la guerre ; car

pendant que l'on se bat, on ne commerce plus. Hostilités et relations commerciales ne vont point ensemble. Mais pendant ce temps, d'autres prennent la place, s'établissent, forment des goûts, et ce dernier article est beaucoup en fait de commerce. Il est trop tard, quand on se présente à son tour : on avait été banni par la guerre, on est déserté, délaissé pendant la paix. Or, voilà évidemment le sort qui est réservé à l'Espagne, par la prolongation de ses attaques contre l'Amérique : elles ne lui servent à rien, elles lui coûtent ses hommes et son argent ; mais, pendant qu'elle ne peut fournir que de loin en loin à ces inutiles combats, les Anglais, les États-Unis la supplantent dans tous les marchés de l'Amérique : elle est ouverte à tout le monde, et fermée pour les seuls Espagnols ; ce n'est plus pour eux que son sein généreux enfante l'or, et mille autres produits précieux qu'elle leur a si long-temps prodigués. Lorsque tous ces étrangers auront eu le temps de bien affermir leurs relations en Amérique, quelle figure y viendra faire la tardive Espagne ? Quelle faveur pourra-t-elle réclamer pour son commerce? Il est le plus cher et le plus pauvre du monde entier. Fera-t-elle valoir la durée de son opposition, l'opiniâtreté de ses attaques, les rigueurs de ses agens, les excès de ses troupes, les malheurs qu'elle lui a causés? Il y a dans tout cela plus à excuser qu'à alléguer. Le commerce espagnol se trouvera donc relégué au dernier rang de tous ceux qui auront lieu sur les marchés de l'Amérique, et l'Espagne devra ce complément de ses désastres à l'aveugle passion de régner sur des terres où l'on ne veut plus d'elle, qu'elle ne peut plus atteindre, et qui lui donneront la ruine pour salaire du mal qu'elles en ont déjà reçu, et de celui qu'elles savent lui être préparé par elle, si sa puissance égalait sa volonté. Dans cette cruelle position, que faut-il donc faire : car on n'est plus le maître de ne rien faire? Le pire état est celui qui réunit les inconvéniens de la guerre sans la guerre, et de la paix sans la paix. L'Espagne est en Amérique dans la même position où elle se trouvait dans ses déplorables guerres des Pays-Bas, du Milanais, et du royaume de Naples. Elle perd chaque année un royaume en Amérique, comme elle perdait alors une province en Europe. Il y a plus : elle est bien réellement en guerre, et elle ne peut la faire ; elle n'est point en paix, et elle reste immobile, inactive comme en état de paix : trop faible qu'elle se trouve être à la fois pour la guerre, trop fière, trop obstinée pour se soumettre à une paix qui blesse son orgueil et ses intérêts ; et pendant qu'elle subit tous les inconvéniens de cet imbroglio, qu'arrive-t-il ? Son commerce d'Amérique est abîmé par les croiseurs ennemis ; ses ports d'Europe sont bloqués par eux ; partout elle s'offre en proie à des essaims dévorateurs qui, sous un masque ou sous un autre, se gorgent de ses faciles dépouilles. Où aboutir dans un pareil labyrinthe, dans ce dédale de difficultés ? Où ? Rien n'est plus facile ni plus simple. Comme il arrive toujours dans les fortes résolutions; céder de bonne grâce ce que l'on ne peut plus garder ; lâcher ce qui serait arraché ; substituer les profits de l'amitié aux désastres de l'inimitié, et pour cela, changer sur-le-champ les prétentions de souveraineté en relations commerciales; abandonner le ruineux et cruel dieu de la guerre, pour se vouer aux autels profitables de celui du commerce. Alors l'Espagne rentrera en Amérique par la seule porte qui puisse l'y ramener, et, en renonçant franchement à ce qu'elle ne peut plus raisonnablement obtenir, elle obtiendra tout ce qu'elle peut raisonnablement prétendre.

Pour bien apprécier la nature de ce conseil, il suffit de se demander s'il faut chercher les conseils dans les prétentions ou dans les intérêts.

Dans l'ouvrage *Des Colonies*, on indiquait à l'Espagne de changer sa domination personnelle sur l'Amérique, en souverainetés attribuées à des membres de la famille royale de ce pays; on y joignait, il est vrai, la prudente réserve d'ajouter, *s'il en est temps encore* : car enfin, il faut que les prétentions cadrent avec les temps propres à les faire adopter ou tolérer. Mais cette époque favorable est déjà loin de nous : les derniers événemens ont anéanti la possibilité d'un dénouement qui, à cette époque, pouvait peut-être s'adapter aux intérêts mutuels de l'Espagne et de l'Amérique ; mais la fortune est devenue trop inégale, et désormais il faut quitter le long espoir et les vastes pensées... Il reste à l'Espagne une dernière, mais triste ressource, celle d'inquiéter ceux que l'on n'a pu vaincre, celle des intelligences que l'on se ménage dans les lieux où l'on ne peut plus commander : l'espérance pour les avides, la crainte pour les timides, la corruption pour les corrompus, la potence pour les corrupteurs, un redoublement de haine contre les impuissans auteurs de ces machinations ; tels sont les moyens, les résultats et le produit net les plus ordinaires de ces belles manœuvres.... On peut pronostiquer que, dans la cause actuelle, elles n'auront pas une meilleure issue.

En tout, il n'y a de vraiment profitable qu'une marche ferme et franche. Si les définitions claires épargnent et abrégent les disputes de mots, les résolutions nettes sont aussi les seules propres à prévenir, ou à abréger des querelles d'une toute autre importsnce.

INTERVENTION DES PUISSANCES.

Aux chapitres **XX** et **XXII** de l'ouvrage sur *les Colonies*, il a été établi :

1° Qu'un congrès colonial était devenu indispensable ;

2° Que l'Europe avait le droit d'intervenir dans la querelle de l'Espagne avec l'Amérique, mais dans un but de conciliation seulement.

Les motifs généraux de ces assertions étaient puisés dans la considération des dommages actuels et des dangers imminens qui résultaient pour l'Europe, de l'état de perturbation générale qu'éprouvent les Colonies.

Depuis ce temps, cinq puissances principales ont intervenu dans l'affaire qui divise le Portugal et l'Espagne. Elles ont fait valoir à l'appui de cette démarche, et cela avec bien de la raison , les suites que cette querelle pouvait avoir pour la tranquillité de l'Europe.

Il est permis d'apercevoir dans cette première démarche l'iniative du parti propre à mettre un terme à tous les désordres présens et à venir, résultant de l'état où se trouve l'ordre colonial. Deux choses sont certaines, et il faut savoir le bien reconnaître avant de s'engager dans toute discussion relative aux Colonies.

1.º Les Colonies ont pris la place que la révolution, pendant vingt-cinq ans, a remplie dans l'attention de l'univers. Dans tout ce période de temps , il n'y eut qu'une affaire au monde, celle de la révolution. On n'avait pas manqué de le dire : on eut beau avoir l'air d'en douter, il a bien fallu y regarder de près , et depuis 1812 jusqu'à 1815, il a paru si, de Pétersbourg à Cadix , il y avait une autre affaire. Eh bien ! il en est de même pour les Colonies : la scène est déplacée ; l'Amérique a pris , sous ce rapport, la place de la France ; il faut s'en occuper malgré soi. Aujourd'hui l'Europe est à peu près vide

d'un intérêt bien vif ; l'attention de ses habitans, si long-temps exercée sur des objets
si vastes, en réclame un ; le théâtre ne peut
rester vacant, et Dieu sait si l'Amérique y
pourvoit. Voyez comme l'on y procède :
tout a l'air de s'y faire à coups de tonnerre.
On ne compte que par catastrophes d'états
et de chefs : les événemens semblent envier
aux localités leurs proportions gigantesques.
La commotion est générale dans ces immenses contrées ; elle s'étend sur toutes les
mers ; elle a pénétré sur les rivages de l'Europe, au sein de ses états. Si Cadix est bloqué par Buenos-Ayres, le Portugal conspire
contre le Brésil. Les mers des Antilles n'ont
plus de sûreté ; le commerce, privé de ses
garanties ordinaires, se dessèche ; les vœux
des habitans de l'Europe sont en sens inverse
de ceux des gouvernemens ; la jeunesse,
l'ambition, l'ennui s'élancent ou poussent
vers cette nouvelle carrière ; les besoins des
sujets sont encore en sens inverse de la conduite publique du Gouvernement. Ceux-ci
sont fort embarrassés ; placés qu'ils se trou-

vent entre les profits du commerce de l'A-
mérique qu'ils trouvent fort bons , et son
émancipation qu'ils trouvent très-mauvaise;
entre les richesses qu'elle donne et promet,
et son exemple qui les courrouce ou les ef-
fraie. La misère générale de l'Europe , et
particulièrement celle de l'Angleterre, ne
leur permettent point de se priver, par des
attaques directes, des rafraîchissemens que
procure le commerce de l'opulente Amé-
-rique; l'Europe n'est donc pas moins em-
barrassée avec elle, qu'elle le fut avec la révolution française. Il n'est pas plus en son
pouvoir de détourner son attention de la
première, qu'il n'a été de fermer les yeux
sur la seconde.

2° Il serait inutile et dangereux de s'aveu-
gler sur l'état des Colonies; ceux qui s'obs-
tinent à n'y voir que des enfans, que des sujets de l'Europe, tellement inférieurs avec
elle, qu'ils n'auraient qu'à recourir à sa clémence, sont loin de connaître leur position
véritable. Si la guerre d'Amérique, si celle
de l'Espagne avec ses colonies ne suffisent

point pour les éclairer sur le véritable état
des choses; eh bien, qu'ils apprennent que,
sous un grand nombre de rapports, les Colonies sont égales à l'Europe, qu'elles lui
sont supérieures en quelques autres. La civilisation a marché plus rapidement qu'en
Europe; on a vécu deux siècles pendant
quelques années, on est au niveau de tout ce
qui se trouve dans toutes les parties du globe;
il n'y a plus de *colons* proprement dits, c'est-
à-dire d'hommes dont la pensée, les actions,
toute l'existence, dépendaient de la métropole, et avaient l'air d'être inspirées et créées
par elle. Il est bien à regretter que les com-
missaires envoyés par la France à Saint-Domingue ne nous aient point rapporté tout
ce qu'ils ont vu dans ce pays-là.

Puisque les choses en sont venues à ce
point, il faut rechercher ce qu'il y a à faire :

1° Des arrangemens partiels, tels que ceux
que produira l'intervention des puissances
dans l'affaire de l'Espagne et du Portugal,
ou bien des arrangemens généraux sur l'ensemble de l'ordre colonial;

2° Une intervention conciliatrice et ami-
cale, ou bien une intervention menaçante
et armée.

Mais 1° des arrangemens partiels n'arran-
gent rien; si l'on y trouve du redressement
pour quelques inconvéniens du moment, il
ne s'y trouve point de remède pour le principe même du mal; il continue de subsister,
d'agir d'après sa nature, et ne peut manquer
de renouveler le mal que l'on avait prétendu
guérir. Ainsi, l'intervention dans l'affaire de
Monte-Video est très-bonne pour empêcher
les contendans d'en venir aux mains; mais
en quoi touche-t-elle à l'ordre colonial, à
Buenos-Ayres, au Pérou, au Mexique, aux
Antilles, aux troubles que la terre éprouve,
aux déprédations qui couvrent les mers, à
l'extermination qui désole la face de l'Amérique, au dessèchement qui dévaste le commerce de l'Europe qui a tant besoin de lui?
La querelle apaisée entre le Portugal et
l'Espagne ne conclut rien pour l'état équivoque qui existe entre Saint-Domingue et
la France; pour celui de la population de

cette île que l'on tient dans un état douteux, aussi contraire à l'humanité qu'à la saine politique, aux intérêts véritables de la France en particulier, comme à ceux de l'Europe en général.

En tout, l'étendue du remède et des moyens doit correspondre à celle du mal et du but ; or, ici l'état de perturbation est général : il faut donc un moyen général d'ordre, un calmant universel. Où peut-il se trouver ? sinon dans un établissement général et uniforme qui embrasse toute l'étendue des parties affectées par les troubles. Où peut se former cet établissement ? sinon dans la seule réunion qui puisse posséder à la fois toutes les connaissances de la matière, et toute la force nécessaire pour l'accomplissement de ce qui aura été jugé le plus convenable. Or, encore une fois, où peuvent se trouver et ces lumières et cette puissance ? sinon dans le Congrès des puissances coloniales et principales de l'Europe, c'est-à-dire dans un Congrès qui serait colonial pour son objet, mais universel dans sa formation et dans son but ; car aujourd'hui, tout dans le monde est tellement lié, tellement entrelacé, qu'à proprement parler, il n'y a plus d'affaires purement personnelles. Une affaire isolée ne peut plus être qu'un zéro ou qu'une absurdité. Que l'on veuille bien nous dire ce qu'il y a d'isolé en Europe ?

2° Des hommes font de la politique comme les Maures font de la médecine, en appliquant le feu à tout ; les soldats, les prévôts, les bourreaux sont la panacée universelle de ces gens là. Ne sachant rien expliquer, à la manière des ignorans, ils résolvent toutes les questions par l'emploi de la force (1).

____

(1) Le baron de Tott rapporte, dans le récit de son Voyage et de ses travaux en Turquie, qu'un jour, dans l'arsenal de Constantinople, il s'agissait de soulever et de transporter une pièce de canon d'un fort calibre. Cinq cents Turcs s'étaient précipités sur elle, et toutes ces mains accumulées, mais se gênant mutuellement, ne pouvaient parvenir à la remuer. L'ingénieur français, moins fort, mais plus savant qu'un Turc, fit apporter une de ces machines que l'indus-

Pour eux, l'esprit humain n'est qu'un mutin à réprimer avec la verge de fer, et l'homme un être façonné pour un maître dont il ne lui est jamais permis de détourner ses regards, auquel il ne peut être accordé de les reporter sur lui-même. Dès que l'on remue, on crie à l'esprit révolutionnaire, on réclame des croisades contre lui. Après avoir long-temps invoqué toutes les armées de l'Europe au secours de la tranquillité de la France, aujourd'hui ils invitent l'Europe à courir sus à cette maudite liberté de l'Amérique, et voudraient nous voir tous acheminés vers elle, pour en expulser l'indépendance, comme on vit nos pères s'acheminer vers la Palestine, pour en chasser les Infidèles. Le succès pourrait bien être le même; mais cela n'y fait rien; l'ennemi est là : il

---

trie a créées pour aider au transport des fardeaux : la lourde masse, auparavant immobile, se mit en mouvement à son approche.

Ces Turcs-là sont, tout juste, nos politiques.

faut aller le tuer à tout prix, et sûrement
c'est le cas. En effet, il est bien évident que
c'est l'esprit révolutionnaire qui a porté la
cour du Brésil à sa loyale, lumineuse, et
profitable expédition de Monte-Video ; que
c'est encore l'esprit révolutionnaire qui fait
que le Portugal et le Brésil veulent absolument avoir le roi chez eux ; que c'est encore
l'esprit révolutionnaire qui fait que la moitié
de l'Angleterre, mourant de faim à défaut
d'emplois industriels, est livrée au désordre;
que c'est encore l'esprit révolutionnaire qui,
inspirant un si noble patriotisme, un si généreux détachement de leurs intérêts propres aux grands et au clergé du Wurtemberg, a forcé le roi de dissoudre les états,
et exposé ce pays à manquer de constitution,
cette peste des sociétés, qu'il était réservé à
ces malheureux temps de voir désirer par
tous les peuples, ainsi qu'adopter par quelques princes, aveugles sans doute sur les
charmes et les heureux résultats du pouvoir
arbitraire, comme sur le penchant inné que
ressent l'humanité à jouir de ses douceurs;

que c'est toujours au même esprit que l'on doit le dévouement si libéral des grands et du clergé d'Espagne, pour repousser le nouveau plan de finances, qui seul peut remettre à flot le vaisseau de l'Etat, laissé à sec sans ce soulagement; que c'est encore à lui qu'est due la docilité filiale du clergé d'Irlande aux décisions du pape, qui a si heureusement servi à faire rejeter l'émancipation de quatre millions de catholiques irlandais qui, sans cette charitable et lumineuse opposition, couraient le risque d'être associés à tous les droits politiques des pervers Anglais, grands fauteurs d'hérésie, et de voir ainsi tarir la source des malheurs qui depuis quatre cents ans désolent leur patrie. Il est donc bien fin cet esprit révolutionnaire, puisqu'il sait emprunter le masque de tous ses ennemis. Il est bien adroit, puisqu'il sait faire, par leurs mains, toutes les sottises dont il a besoin pour s'étendre, et dont ensuite il sait si bien profiter. Il est bien puissant, puisque c'est lui qui agit en tout et partout à la fois, en Amérique et en Europe, enfin dans tout le

monde. Certes, si cela est vrai, nous sommes plus près de la mort, ou plus près de la
guérison qu'on ne le dit ; car enfin, quand
nous serons tous révolutionnés, ce sera fini ;
et personne n'aura plus rien à se reprocher.

En attendant que cela manque ou s'accom-
plisse, raisonnons : c'est toujours le plus sûr.

Lorsque l'on parle de l'intervention armée de l'Europe contre l'Amérique, s'en-
tend-on bien soi-même ? Que veut-on dire ?
S'agit-il d'une injonction à l'esprit révolutionnaire de s'arrêter et de vider les lieux,
sous peine de s'y voir contraint par les
voies de droit et de fait ? S'agit-il d'une
croisade armée , pour réduire les athlètes
de l'indépendance à se ranger de nouveau
en silence sous l'ancienne domination ? C'est
sûrement l'une de ces deux choses que l'on
veut dire, et peut-être toutes les deux à la
fois. On veut la force et la menace de la
force.

Voyons ce que renferment ces deux pro-
positions.

1° Ce serait une belle chose que la faculté

d'arrêter par un seul mot le mouvement imprimé à l'esprit des hommes, ou bien à une nation toute entière. Malheureusement on n'a pas encore découvert ce merveilleux secret. En attendant qu'on y parvienne, tenons pour certain qu'il n'est au pouvoir d'aucune force humaine d'arrêter une disposition de cette nature, une fois qu'elle s'est manifestée dans une grande masse d'hommes. Pour le prouver, laissons la vénérable antiquité ; consultons l'histoire moderne : c'est plus près de nous, et par conséquent plus frappant.

Un misérable conducteur de chameaux débite ses rêveries à quelques peuplades grossières : elles s'en imbibent, elles s'exaltent ; elles attaquent en désespérées le christianisme auprès de son berceau, au temps de sa plus grande ferveur, dans ses plus beaux domaines ; elles attaquent avec lui l'empire de Constantin dans la vigueur de sa jeunesse, dans toute l'étendue de sa puissance, et voilà qu'au bout de quelque temps on cherche les lieux où l'un et l'autre florisssaient avec tant de gloire ; voilà que deux parties du globe gémissent abruties sous le joug d'un double despotisme religieux et civil, aussi stupide que feroce (1). Cent ans de vexations de la part de Rome mettent l'Allemagne au désespoir : voyez les *centum gravamina* présentés à la diète

---

(1) Voyez ce que Montesquieu (*Esprit des Lois*) dit des causes qui favorisèrent l'établissement des Sarrasins. Combien le mauvais gouvernement des empereurs grecs le faisait désirer et accueillir par les peuples !

Le même dit qu'il suffit d'une idée imprimée à une nation, pour décider de son sort. Il apporte en preuve deux exemples, ceux des Juifs et des anciens Perses.

Chez les premiers, l'espoir de voir naître le Messie dans sa famille, a soutenu et multiplié cette race, malgré des persécutions et des massacres qui, depuis long-temps, auraient dû la faire disparaître.

Chez les seconds, l'idée que les trois actions les plus agréables à la Divinité étaient d'arroser un champ, de planter un arbre, et d'augmenter la famille, a fait de l'ancienne Perse, pendant qu'elle a subsisté, le pays de l'Asie le plus fertile, le mieux planté et le plus peuplé. Le mahométisme est venu, et a tout détruit.

de Worms. La mine se trouve chargée par les mécontentemens d'un siècle entier ; un malheureux moine y met le feu ; l'explosion retentit dans toute l'Europe, l'incendie se propage ; la moitié de l'Allemagne et de l'Europe, naguère si soumises, a abjuré sa foi ; des torrens de sang répandu pendant deux cents ans ne peuvent éteindre ce feu. Charles-Quint y use sa puissance et sa vie ; Philippe son fils y perd les Pays-Bas, et ce n'est pas faute d'y avoir laissé les bourreaux oisifs. François Ier et ses successeurs ont beau torturer leurs sujets, depuis l'incendie de Cabrières et Mérindol, jusqu'aux Dragonnades, sans se refuser même une Saint - Barthélemi, rien n'y fait. La cruelle fille d'Henri VIII, bien digne d'un tel père, l'impitoyable Marie a beau tenter de noyer dans le sang l'esprit d'innovation ; Jacques II, aussi malavisé, a beau renouveler la même entreprise, le succès est le même pour tous les deux. D'un autre côté, ni tous les échafauds d'Henri VIII, ni tous les soldats d'Elisabeth et de Cromwel, ni toutes les confiscations de Guillaume III, ne peuvent faire changer d'humeur ni de culte à un seul Irlandais. Dans des temps plus rapprochés, une disposition générale éloigne l'Amérique de l'Angleterre (1) ; celle ci a beau l'anathématiser, la déclarer rebelle, la couvrir de soldats anglais ou allemands, incendier les villes, ruiner les champs, peines et argent perdus : la défense se proportionne à l'attaque. Plus l'on pousse, plus l'on résiste ; on souffre, mais on triomphe, et l'Angleterre se retire du combat avec ses Colonies de moins, et deux milliards de dettes de plus, qui ont

______

(1) Les Colonies anglaises de l'Amérique avaient, dans les guerres de 1742 et de 1756, donné à l'Angleterre des preuves efficaces d'attachement et de fidélité, et elle dut aux troupes, levées chez elles, la prise de la Havane et de Louisbourg.

Douze ans après, ces mêmes Colonies auraient péri plutôt que de rester unies et obéissantes à l'Angleterre ; et puis croyez que l'on détourne les peuples de leur route, comme un vaisseau de son cours.

servi à payer la leçon qu'elle vient de recevoir sur la conduite qu'il y a à tenir avec des
hommes que des circonstances nouvelles
ont poussés dans une direction nouvelle. Il
en est de même pour l'Amérique espagnole :
tout ce que l'on fait pour contrarier sa direction ne sert qu'à la confirmer. D'où proviennent des résultats aussi uniformes ? De
causes uniformes, l'impossibilité de réformer la direction une fois imprimée à l'esprit
humain et à tout un peuple. Cette direction est longue à se former, il est vrai ;
mais, une fois prise, elle devient irrésistible :
l'opinion publique est une reine dont l'armée se forme lentement, mais qui est in-
vincible quand elle est rassemblée, et qui a
déjà tout envahi lorsqu'elle se montre.
Voyez cette montagne qui défendait le hameau des tempêtes et des aquilons : sous son
abri, d'heureux bergers, depuis des siècles,
coulaient des jours tranquilles : autour
d'eux, dans ces asiles de la paix, tout
était verdure ; mais pendant ce temps, des
sources cachées minaient les fondemens de

ee mont; il avait résisté aux efforts des vents et des orages ; et voilà que tout-à-coup ses fondemens , sapés par une action lente et sourde, le laissent sans appui : il se fend, s'écroule ; et , dans sa chute précipitée, entraînant pasteurs et troupeaux , il fait disparaître le hameau sous les ruines dont il jonche au loin la plaine dépouillée désormais de verdure. Ainsi se forment au sein des nations les dispositions que l'on appelle des révolutions. Quelque vice secret les prépare, le temps les aggrave, le sentiment du mal les généralise, les établit dans tous les esprits ; l'occasion d'éclater arrive ; un peuple , différent de celui que l'on avait l'habitude de rencontrer, se montre tout-à-coup. Il n'entend plus ce qu'on lui dit ; il n'admet plus ce qu'on lui prescrit, sourd et aveugle qu'il se trouve être d'un côté et pour certaines choses, tout yeux et tout oreilles d'un autre, et pour d'autres choses. Arrivé à cet état, pour le redresser, il faudrait le briser : l'attaquer dans cette disposition , serait l'y rendre inébranlable. Les hommes tolèrent, endurent, et souffrent long-temps avant d'en venir là ; mais une fois arrivés à ce point, ils ne rétrogradent plus : car, pour les y contraindre, il faudrait les refaire. Rien n'est plus facile que d'arrêter l'essor d'une faction, la marche d'un complot dirigé par des intérêts privés, ou bien ourdi par des ambitieux et des mutins. L'histoire est pleine du récit de ces petites trames, et de celui de leur répression. Alors le combat est d'homme à homme ; mais quand il est d'un homme à un peuple, où se trouvent le levier et le terme ? Or, voilà précisément où l'on en est en Amérique. L'esprit révolutionnaire de cette contrée n'est que le sentiment du mal-être prolongé. C'est celui que doit inspirer la comparaison de la Colonie avec la métropole ; le spectacle de son délabrement, de son impuissance à protéger comme à pourvoir ; le sentiment des besoins, de la propre force, de l'infortune des liaisons avec une métropole dont, de dix ans, on n'entend point parler ; qui veut vendre six francs ce que l'on peut obtenir avec vingt sous ; qui tient assujéti aux plus cruelles privations, lorsqu'on a les moyens de se procurer toutes les jouissances. Est-on révolutionnaire à Buenos-Ayres, parce qu'on ne veut plus y être attaqué, comme on l'a été deux fois par suite des glorieuses combinaisons du prince de la Paix ? Est-on révolutionnaire à Lima, à Caracas, au Chili, au Pérou, au Mexique, parce qu'on ne veut plus s'y trouver englobé dans des guerres et des querelles dont le siége est à mille lieues, dont le sujet est étranger et inconnu, et qui condamnent pendant nombre d'années à être bombardé, bloqué, ruiné, et à manquer de tout ? La fin d'une barbarie et d'une absurdité pareilles est-elle donc un attentat ? Est-on révolutionnaire à Lisbonne, parce qu'on veut y avoir un roi en résidence ; parce que l'on est las de l'attendre depuis dix ans ; parce qu'en attendant qu'il lui plaise de revenir, on est ruiné ; parce qu'on est fatigué de demander sans cesse au Brésil ce qu'il faut faire en Portugal, et de voir

les années se consumer dans l'attente des réponses ? Serait-on révolutionnaire à Rio-
Janeiro, parce qu'on voudrait aussi y avoir
le roi ; parce qu'on y serait affecté d'avoir
à attendre les décisions du Portugal sur les
affaires du Brésil, autant qu'on l'est à Lisbonne d'attendre celles du Brésil sur les
affaires du Portugal ? Ce qui a pu exister
sans de graves inconvéniens, lorsque la Colonie, en raison de sa petite population, n'a-
vait que peu d'affaires, est intolérable depuis que l'accroissement de cette population, et celui de sa richesse, ont créé,
comme il arrive toujours, un grand courant
d'affaires qui réclament attention et célé-
rité. On ne peuple point, on ne prospère
pas, pour rester immobile ou cloué. Tout
doit se passer par raison dans les sociétés
humaines qui sont des familles, dont les intérêts mutuels forment le lien. Mais n'est-ce
point le rompre ce lien, n'est-ce point les
saper elles-mêmes dans leurs bases, que de
vouloir les tenir pliées dans une direction
contraire à leurs intérêts, vivement ressentis

par elles? Vous courbez un arbre avec violence; il fait un effort continuel pour se redresser; il oppose sa violence à la vôtre.
Voyez ce vaisseau qui, dans sa course tran-
quille, laisse tomber la voile, et dormir la
rame. A quoi doit-il sa paisible navigation,
et de glisser mollement sur cette onde?
N'est-ce point de s'abandonner à la douce
pente du fleuve qui, dans ses contours ar-
rondis, n'oppose aucune aspérité qui puisse
l'arrêter. Vous barrez le cours du fleuve, et
vous êtes étonné de rencontrer des *courans
rapides*, qui vous obligent, comme fait le
sauvage, de charger le canot sur vos épaules.

Le véritable moyen de calmer et d'éteindre
l'esprit révolutionnaire n'est donc point de
lui prescrire, ou de le proscrire, mais de lui
retirer ses alimens (1); de redresser les torts

---

(1) Tels, par exemple, que les deux procès dans
lesquels, en Angleterre, la couronne vient de succom-
ber; ceux de Walton et de l'auteur du Nain Noir,
M. Vooler.—Les désappointemens de cette nature con-
duisent tout droit aux plus fâcheux résultats pour la

qui le produisent ou le fomentent, et de re-
placer les choses dans leur sens naturel.

---

considération du Gouvernement. L'esprit moral de la
nation est frappé de la révélation des moyens dont on
a cru devoir user : s'il en résulte de fâcheuses conséquences, à qui s'en prendre ?

L'abbé Girard admettrait-il dans ses *Synonymes* cette
définition de l'esprit révolutionnaire, un parasite qu
vit à la table de tous les sots ? On crie beaucoup contre
les lumières ; il paraît cependant qu'on met souvent
des lois somptuaires sur leur usage : on dit que ce sont
elles qui font les révolutions ; il est bien plus certain
que ce sont les ténèbres.

Proclamation du Gouverneur de Bahia.

Le comte d'Arcos, gouverneur de Bahia, a adressé
trois proclamations aux loyaux habitans de Fernambouc. Dans la première, il leur dit que les rebelles les
ont trompés, en leur promettant le secours du peuple
de Bahia. Le cri de ce peuple, dit-il, est fidélité au
plus aimé des rois, et chacun des soldats de la province se montrera un Scipion dans la cause de son
souverain.

Dans la seconde proclamation, datée du 22 mars,
il leur assure, sur sa parole d'honneur, que les Etats-

Quand les perturbateurs n'auront plus d'appui dans le sentiment des maux éprouvés,

---

Unis et toutes les autres nations de l'univers méprisent le patriote Martinez et ses infâmes collègues, comme ils le méritent, et ne voudraient pas employer leurs soldats à soutenir leurs crimes horribles. Il leur dit ensuite que les soldats arriveront bientôt, et feront expier leur crime aux gouverneurs provisoires patriotiques, ainsi qu'à tous les moteurs de révolutions.

Voici la troisième proclamation :

« Habitans de Fernambouc, les soldats de Bahia marchent sur le district d'Alagoas pour planter, dans toute l'étendue de ce département, le pavillon de Portugal. Tout habitant de Fernambouc qui ne se hâtera pas de se joindre à ces troupes, et de marcher sous leurs ordres, sera fusillé. Les forces navales qui bloquent le port ont reçu ordre de raser la ville au niveau de la plaine, de passer tout au fil de l'épée, à moins que le Gouvernement de notre seigneur, le roi, ne soit sur-le-champ rétabli. On n'écoutera aucune négociation qui n'aura point pour préliminaire la remise des chefs de la révolte, ou l'assurance de leur mort ; bien entendu que chacun peut leur tirer sûs, comme sur des loups.

Signé, le comte d'Arcos. »

Bahia, 29 mars 1817.

ressentis généralement, et annoncés pour l'avenir, on verra quel sera leur crédit. Qui les écoutait en Angleterre, lorsqu'elle avait du travail et du pain ? Qui conspirait à Lisbonne, lorsqu'il y avait un roi ? Qui conspirerait dans toute l'Amérique, s'il y avait des gouvernemens établis à Buenos-Ayres, à Lima, à Mexico ; si le commerce libre fournissait à la terre les moyens de déployer sa richesse, aux besoins ceux de se satisfaire ; si

---

En attendant que l'on voie si les Portugais seront autant de Scipions, et l'on ne s'attendait guère à voir Scipion dans l'affaire de Fernambouc, on n'est point embarrassé de savoir ce que vaut, ce que mérite, ce que doit produire infailliblement sur l'esprit des gouvernés, un gouverneur qui use d'un pareil langage. Ces proclamations emphatiques, qui nous viennent d'un autre monde, rappellent quelques-unes de celles que l'on fait dans le nôtre.

Tel homme, non d'épée, pour avoir passé en revue une troupe urbaine et sédentaire, s'écrie, *Soldats, je suis content de vous....* Est-ce donc qu'une revue de cinq cents citoyens est un travail semblable au passage des Alpes, ou à la bataille de Marengo ?

l'on pouvait y conserver la paix , lorsqu'il plaît à l'Europe de se battre; si l'on était régi par les lois et par les hommes du pays? L'esprit révolutionnaire n'est donc qu'un effet; la cause est ailleurs, et c'est là qu'il faut l'aller chercher pour l'éteindre. Gardons-nous d'imiter l'animal stupide et féroce, qui décharge sa rage et son écume sur la pierre qui arrive à lui en bondissant, et qui ne voit pas la main qui l'a lancée (1).

Dira-t-on pour cela qu'il n'existe point d'esprit révolutionnaire dans aucune tête , en aucun pays? Loin de nous une pareille pensée; mais seulement qu'il n'est point cet agent universel, ce moteur auquel la téméraire et malveillante irréflexion se plaît à rapporter tout ce qui se passe sous nos yeux : ce qui serait étonnant, après tant de scènes

---

(1) On insiste sur cet article à cause de l'usage répété de cette locution, qui fait partie d'une espèce d'argot, dont quelques écrivains font un emploi aussi perfide qu'odieux.

On reviendra quelque jour sur ce chapitre.

(113)

si bizarres, si funestes, n'est point qu'il
existe un tel esprit, mais qu'il n'existât point :
et c'est précisément parce qu'il existe que
nous demandons d'en rechercher soigneusement l'origine, les soutiens, les prétextes,
pour lui retirer ses points d'appui. Nous voulons la même chose que veulent ceux que
nous combattons ; mais nous la cherchons
d'une autre manière : notre médecine n'est
point celle des empiriques avec leurs dro-
gues empoisonnées ; mais celle de la nature
avec sa simplicité et surtout avec sa sobriété.
Que l'on y regarde de près, et l'on ne tardera
pas à reconnaître la source de cet esprit révolutionnaire, objet des anathèmes d'une
foule d'ignorans (1). Il a son siége dans le -

---

(1) Il faut dire la même chose de ces infatigables
investigateurs des causes de la révolution, qui ne
manquent jamais d'assigner celles qui n'y ont rien
fait, et d'omettre en revanche celles qui y ont tout fait.
Qu'ils nous permettent de leur adresser une très-
humble requête, celle de leur demander s'ils ont lu
les *Annales françaises*, ouvrage de M. Guy Sallier,

8

mauvais ordre des sociétés européennes,
dans le combat des lumières générales contre

---

ancien conseiller au parlement de Paris, aujourd'hui
maître des requêtes au Conseil-d'Etat, et de leur en
recommander la lecture, s'ils en ont été privés, comme
il y a trop de raisons de le soupçonner. Cet ouvrage
dit tout : qui ne l'a pas lu, ne sait point sa révolution.
L'auteur s'appuie fréquemment du témoignage d'un
contemporain qui n'était point un grand philosophe,
ains au contraire, mais un courtisan pourvu d'yeux qui
y voyaient très-clair, M. le baron de Bezenval. Placé
de manière à beaucoup voir, il a beaucoup dit, et ce
qu'il a dit , suffit pour montrer comment les états
croulent.

M. Sallier donne les détails les mieux circonstanciés
sur la lutte du parlement avec Louis XVI, faisant
suite à celle qui avait rempli les vingt dernières années de Louis XV. Il expose aussi tous les actes par
lesquels le clergé et la noblesse s'opposèrent à la cour,
tous ceux de la cour contre les premiers ordres et les
parlemens. Comment, au milieu des cris des uns et
des autres, s'accusant mutuellement d'envahissement
de pouvoirs, d'arbitraire, de désobéissance; les parlemens disant au roi qu'il était dans l'heureuse impuissance d'imposer; le roi disant aux parlemens qu'ils
n'avaient pas le pouvoir de le faire; ceux-ci conve-

les intérêts particuliers, dans l'inégalité exis-
tante entre le savoir et le pouvoir (la balance
est rompue entre eux); dans le désordre des
fortunes publiques , toutes plus ou moins
obérées ; dans l'instabilité des fortunes par-
ticulières , dans l'excès des impôts qui enlè-
vent à l'homme les fruits du travail et la
subsistance de sa famille , dans notre ordre
social où tout est gêne et combats , où les
charges sont devenues si lourdes que, contre
l'ordre naturel , les Gouvernemens n'ont
plus l'air d'exister pour la société , mais la
société pour les Gouvernemens, de manière
à laisser dans l'indécision sur les avantages
tant vantés de la société, en comparant ce
que l'on y porte avec ce qu'on en retire.

---

nant qu'ils avaient usé de la tolérance de la nation,
pour se maintenir dans l'exercice de ce droit ; comment, au milieu de ce conflit, savoir à qui donc appartenait le pouvoir ? Une voix se fit entendre ; c'é-
tait celle de la nation qui criait : *C'est à moi!* La révolution se trouva faite ce jour-là , qui fut vraiment,
pour tous ceux qui l'avaient amené sans le savoir,
la journée des dupes.

Nous ne serions point embarrassé d'assigner beaucoup d'autres causes encore plus
décisives de l'existence de cet esprit révolutionnaire ; mais l'imprudence de nos adversaires ne nous rendra pas indiscret. Seulement nous dirons que nous entendons fort
bien le langage secret qui est renfermé dans
les agitations, dans les émigrations, qui se
manifestent en tant d'endroits ; croit-on donc
que tout cela soit privé de sens, et n'ait aucune signification ? Depuis quand cherche-
t-on à changer une attitude commode, à
quitter une terre de paix et de bonheur ?
Quand fuit-on la terre natale, pour aller con-
fier à des terres lointaines et inconnues le
soin de sa fortune et de son repos ? Tous les
hommes ressemblent plus ou moins aux sau-
vages, qui préfèrent tous les maux à l'éloi-
loignement du lieu où reposent les ossemens
de leurs pères ; si quelque chose peut adoucir le tombeau, c'est d'y descendre bien
près de son berceau... Ah ! lorsque dans l'ouvrage *Des Colonies*, nous demandions d'ou-
vrir de larges débouchés aux misères de l'Eu-

rope, nous savions bien qu'elles avaient répondu d'avance à notre voix, et que le malheur ne pouvait manquer de devenir le conseiller nécessaire d'une foule d'hommes, auxquels la terre d'Europe ne se montre plus que comme une marâtre.

Si donc l'on veut extirper l'esprit révolutionnaire, si l'on veut exorciser suffisamment ce nouveau démon des sociétés modernes, il faut commencer par le bien reconnaître. Sûrement il ne cédera point à des paroles magiques, à des imprécations mille fois répétées, aguerri qu'il paraît être contre leur vertu ; mais il cédera à des directions bien calculées, bien appropriées au temps, aux mœurs, aux intérêts, aux droits, et aux besoins des sociétés. Par exemple, il n'est pas difficile de prévoir quelle issue aura la dissolution des états de Wurtemberg : alors on criera encore à l'esprit révolutionnaire, au danger de réunir et de consulter les peuples. Mais qui aura produit ces résultats ? Sera-ce l'esprit révolutionnaire, ou l'esprit récalcitrant de certaines classes que rien ne peut décider à se fondre dans le corps de la nation, dans la masse de la société, et qui veulent absolument dominer et tenir les autres classes à la même distance où les castes supérieures de l'Inde tiennent les castes inférieures ? Qu'au lieu de cette extravagante opposition, les états eussent suivi la direction imprimée par le Roi, toute conséquence fâcheuse était évitée ; le prince, les grands, le peuple n'avaient plus que des sujets d'être attachés les uns aux autres : quand le contraire arrivera, de quel côté aura soufflé l'esprit révolutionnaire ? Du côté des novateurs constitutionnels, ou bien du côté des antiquaires récalcitrans ; du côté de l'intérêt général, ou du côté de l'intérêt particulier (1) ?

---

(1) Rien ne paraît plus digne d'hommages que la conduite du roi de Wurtemberg. Aucun sacrifice, aucun aveu ne lui a coûté pour faire jouir ses peuples du bienfait d'une constitution ; pour réunir sous les mêmes lois politiques et civiles ceux que le nouvel ordre politique de l'Europe et de la Germanie a ren-

Qu'on nous pardonne de nous appesantir sur ce sujet ; mais il est trop important pour

---

dus citoyens du même pays, membres de la même association. Le nom, ailleurs si redouté, de pacte social n'a eu rien d'effrayant pour ce monarque généreux ; il a porté les concessions aussi loin que le bon ordre le permettait : car on ne conçoit pas quelle idée les Etats peuvent s'être faite d'une constitution, en portant leurs prétentions aussi haut qu'ils l'ont fait ; ce qu'ils entendaient faire d'un pouvoir exécutif, en se réservant la clef d'un trésor, et des commissions intermédiaires, entre la tenue des sessions. Il ne manquait que d'avoir aussi une armée.

On se demande toujours comment il faut tant de temps, et de commissions, et de séances, pour arrêter des articles constitutionnels ; comme s'il n'y avait point de règles fixes et connues pour bien diviser les pouvoirs, et donner à chacun ce qui lui est nécessaire pour remplir sa destination, mais pour cela seulement ; comme s'il pouvait y avoir deux genres de constitution, pas plus que deux géométries, deux astronomies, deux mécaniques, deux architectures, deux navigations. Le modèle existe ; qui le suit, a une constitution ; qui s'en écarte, n'en a point... Le roi de Wurtemberg s'est trouvé obligé de faire un appel au pouvoir nous en détacher. Plus on élève de nuages autour de lui, plus l'intérêt général exige de travailler à les dissiper. Il serait aussi dangereux qu'inutile d'affecter de les méconnaître ; depuis cinquante ans le monde a changé de face : ici, il ne s'agit pas d'un droit, mais d'un fait ; temps bien perdu assurément que celui que l'on consume à demander aux hommes pourquoi ils sont ainsi faits, tandis qu'il faut l'employer à constater s'ils le sont en effet. Qu'on nous dise ce qu'à de commun le monde d'aujourd'hui avec le monde de cinquante ans ; il ne s'agit point d'assigner la prééminence entre eux, ni de

---

peuple ; comme Louis XVI, après les oppositions des parlemens et des premiers ordres : le ministère fait des comptes rendus, comme on en faisait en France, après la seconde assemblée des notables. Partout les grands ont tenu une marche uniforme : assesseurs du trône, ils s'y tiennent attachés tant que le prince va dans leur sens ; dès qu'il ne va plus que dans le sien, ils s'en séparent. Voyez la France, depuis le 5 septembre.

régler les rangs ; mais de profiter de ce qu'il y a de bon de part et d'autre, et de corriger sagement ce qui se trouve de défecteux. Disons-le avec confiance, parce que nous le disons avec franchise : depuis cinquante ans le monde a reçu un ébranlement universel ; *le genre humain est en marche.* Où s'arrêtera-t-il ? Qui le dirigera ? A *quelle voix obéira-t-il ?* Sera-ce aux accens plaintifs et discordans, aigres et caducs d'un temps passé qui se cherche en vain lui même dans le temps présent, et qui emprunte pour exprimer ses regrets, et célébrer ses charmes flétris, des organes improbateurs ; sirènes repoussantes autant que décevantes, propres seulement à conduire d'écueils en écueils, à faire tomber de Caribde en Scylla ? Sera-ce aux invitations insinuantes et douces d'une raison mâle et éclairée, qui dirigera prudemment le noble voyageur vers le terrein solide d'institutions, au milieu desquelles il pourra enfin jeter l'ancre ? Cela est beaucoup plus probable ; et sûrement dans le choix des deux guides, tout homme qui ne place pas devant ses yeux le prisme des passions, ne balancera point ;

2° Une intervention armée, ce qu'on pourrait appeler une croisade, est elle dans la possibilité, comme dans les intérêts de l'Europe?

Pour bien entendre cette question, il faut se faire une idée claire de l'objet auquel elle se rapporte : ce n'est rien moins que l'Amérique entière et toutes ses colonies ; car tout est étroitement lié dans cette question : le Mexique est en armes.

Toute l'Amérique méridionale est également armée ; la plus grande partie n'a plus d'ennemis intérieurs à combattre. Ainsi, Buenos-Ayres, le Chili, le Pérou, sont délivrés des Espagnols royalistes. Le royaume de Terre-Ferme l'est aussi, à peu de chose près ; ces divers pays sont situés sur des rivages et dans des positions opposées, ou très-éloignés les uns des autres.

La population s'élève à... 17,000,000 h.

L'usage des armes est devenu familier aux Américains : ils se sont fortifiés par l'adoption de tous les arts meurtriers de l'Europe. Une attaque contre un pareil pays, avec des armes venues d'Europe, est donc une grande affaire. Les grandes armées se rassemblent lentement, se transportent péniblement, se portent mal en arrivant, subsistent difficilement, et, dans ce terrible climat, finissent par un prompt enterrement. Voyez la fin de 40,000 Français envoyés à Saint Domingue, et celle de l'armée anglaise que le général Abercombrye y conduisit en 1798; elle périt toute entière, avant de jouir de la satisfaction de tirer un coup de fusil. Ce serait bien pis lorsqu'il s'agirait des corps envoyés au Chili, à Lima, à Caracas, dans tous les climats, berceau de cette terrible contagion,

Capable d'enrichir en un jour l'Achéron,

la fièvre jaune, puisqu'il faut l'appeler par son nom. D'un autre côté, les petites armées ne sont bonnes à rien; à la vérité, elles sont plus maniables, mais aussi sont-elles moins propres à obtenir un grand résultat, comme à contenir de vastes espaces. Après avoir occupé l'Amérique, il faudrait encore la garder; les Russes, les Prussiens, les Autrichiens, iraient-ils monter la garde à Lima, à Santa-Fé, à Acapulco? Les peuples, dépourvus de colonies, agiraient-ils avec la même alacrité que les peuples, grandement et richement possessionnés en colonies, sentiraient devoir le faire? Qui paierait les frais de ces expéditions lointaines, surtout dans l'état où l'on voit toutes les finances de l'Europe? L'irréflexion seule peut les représenter comme l'affaire d'un jour. Parlera-t-on de blocus qui interdiraient à l'Amérique les communications dont elle a besoin pour ses moyens de défense, d'approvisionnement, et d'écoulement de ses productions? Il faut féliciter les inventeurs de cette riche conception. Effectivement, bloquer toute l'enveloppe de l'Amérique est chose très-facile; bientôt on proposera le blocus du globe. Et puis, quand l'Amérique sera bloquée d'un côté, le sera-t-elle de l'autre? Les blocus la frapperont-ils de stérilité? Fe-

ront-ils fuir les congrès de Mexico, de Buenos-Ayres, de Lima, de Caracas ? Que faisaient à la Convention les blocus de M. Pitt ;
à l'Angleterre, le blocus continental ? Un
blocus est une affaire de temps et de patience,
et dans ces stations éloignées et dispendieuses, on verrait bien vite qui serait plutôt
à bout de voies, de l'Europe ou de l'Amérique. Toutes ces suppositions sont pitoya-
bles ; elles portent toutes sur le même oubli, celui par lequel on met à l'écart la considération la plus importante, celle de l'influence de l'Amérique sur l'état intérieur de
l'Europe. Que ces déclamateurs mal avisés
mettent donc en tête, ou plutôt à la place de
leurs perpétuelles invitations à l'usage de la
force, le calcul des produits de l'Amérique,
et celui de leur action sur la richesse et sur
la tranquillité de l'Europe : car c'est encore
une des heureuses conceptions de ces écrivains, que celle d'établir la ruine et la misère comme base du repos et de la soumission des peuples, et d'attacher le principe de leur tranquillité à des clous de fer

chargés de rouille, plutôt qu'à des clous dorés. Pour se convaincre du bonheur de ce système, il n'y a qu'à considérer l'Angleterre depuis que ses ateliers sont fermés ; or, c'est un état pareil qui menace l'Europe entière, si elle s'abandonne à des attaques contre l'Amérique, si elle ne met pas un terme prochain à ses souffrances. Il a été dit dans l'ouvrage *Des Colonies*, que l'émancipation et la prospérité de l'Amérique feront la richesse de l'Europe. On s'appuyait sur le témoignagne de lord Castlereagh, qui a déclaré au Parlement d'Angleterre, il y a dix-huit mois, que le commerce de l'Amérique méridionale atteignait déjà à la somme de deux cent millions. On trouve dans le discours prononcé le 3 mars 1817, au Parlement, par M. Brougham, célèbre membre de cette Assemblée et de l'opposition, mais habitué à garder plus de mesure que celle-ci n'a l'usage de le faire ; on lit, disons-nous, *que des documens authentiques, et qui le mettent à l'abri de passer pour un visionnaire, lui ont prouvé qu'il existait en An-*

gleterre quatre cent millions des produits
de l'Amérique du sud, dont la plus grande
partie était réalisée; que l'Amérique offrait
un marché de dix-sept millions d'habitans,
dont un sur dix dans l'Amérique méridionale, et un sur sept au Mexique usaient des
marchandises d'Europe; que les premiers
envois dans ces contrées, mal dirigés et trop
abondans, avaient causé des pertes considérables, mais que le bon marché qui en
avait résulté, avait favorisé le goût des marchandises anglaises, de manière à le géné-
raliser, et à compenser par une consomma-
tion durable et toujours croissante, une perte
momentanée.

Ce tableau représente fidèlement tout ce
qui existe déjà d'avantages dans le commerce d'Amérique, et tout ce que l'on est
fondé à attendre de lui dans un meilleur avenir. Lorsque de grandes villes se seront éle-
vées dans ce pays, comme aux Etats-Unis;
lorsqu'il aura pris, comme eux, son essor
naturel vers la prospérité dont il possède
tous les élémens dans un degré bien supé-

rieur à l'Amérique anglaise (et celle-ci est
à l'Amérique espagnole comme le cuivre est
à l'or) : alors s'accomplira, et cela très-pro-
chainement, ce qui a été dit, que l'Europe
manquera d'ouvriers et de matières pre-
mières pour la fourniture des marchés de
l'Amérique. En veut-on une autre preuve?
Où la trouver? Dans ce qui vient d'avoir
lieu à Buenos-Ayres. A peine la victoire
sur le Chili a-t-elle été connue, que les ma-
gasins, encombrés depuis long-temps, ont
été vidés, et ceux de Londres appelés à
les remplacer. Ainsi le contre-coup de tout
ce qui se passe en Amérique, se fait ressentir en Angleterre et en Europe. Prospère-
t-elle, l'Europe prospère avec elle; souffre-
t-elle, l'Europe souffre comme elle, et autant qu'elle : tout est à la gêne à la fois dans
les deux pays; et l'on ne tient aucun compte
de cette action et réaction d'une partie du
globe sur l'autre. Loin de demander l'emploi du fer et du feu pour rompre ces pré-
cieuses communications, on ne bénit pas
le Ciel de les avoir établies, d'avoir enchaîné

les unes aux autres les parties lointaines du globe par les solides et profitables liens des intérêts mutuels. En vérité, y pense-t-on de faire une politique de stérilité, lorsque toutes les circonstances de l'Europe en réclament une de richesse et d'abondance? Que prétend-on faire de cette multitude de familles industrieuses, qui n'ont de moyens d'existence que dans l'emploi de cette industrie; qui retombent à la charge de l'Etat et de leurs concitoyens, dès qu'elle s'arrête; à la disposition des agitateurs qui profitent de l'exaspération produite par leurs souffrances, et qui finissent, dans l'oisiveté forcée qui suit la suppression du travail, par troubler la société qu'elles contribuaient à enrichir et à décorer, lorsqu'il était en vigueur? On se tourmente bien vainement à chercher les causes des agitations sociales; le tarif de la morale des peuples se trouve dans les deux mots suivans : *travail* et *oisiveté.* Or, d'après cela, comment l'Europe consentirait-elle à se fermer des marchés tels que ceux de l'Amérique? Quel but une puissance telle que l'Angleterre se proposerait-elle, dans une guerre avec l'Amérique? Le rétablissement de l'autorité dite légitime? Fort bien : mais ce n'est point d'elle seule dont il s'agit ici, mais des suites de ce rétablissement. Or, quelles seront-elles? Le rétablissement de l'exclusif du commerce contre les Anglais, autant que contre tous les Européens : car, sans lui, le rétablissement de la souveraineté ne signifie rien. Qu'importe à l'Espagne de commander en Amérique, si d'autres y commercent, si elle en a les charges, et d'autres les profits? Elle ne peut vouloir procéder au rétablissement de son autorité, qu'en vue du rétablissement de l'exclusif de son pavillon et de ses marchands. Qu'importe à Cadix que le pavillon de Castille flotte à la Vera-Crux, à Lima, à Valparaiso, à Acapulco, si tous les pavillons de l'Europe flottent à côté du sien, et lui donnent des rivaux prêts à le supplanter? Voilà ce que c'est que de séparer les diverses parties des questions coloniales, tandis que tout y est étroitement lié; d'y porter des idées appli-

cables à l'état de l'Europe, mais contra-
dictoires à celui des Colonies, et qui, sous ces
rapports, n'ont rien de commun avec elle.
L'Europe est occupée à se défendre de l'industrie anglaise; la guerre a passé des champs
de bataille dans les ateliers. Tel prince, tel
peuple qui a imploré le secours des soldats
et des subsides anglais, repousse de toutes
ses forces l'industrie anglaise; il en est des
peuples comme des particuliers : *amis jusqu'à la bourse.* On a vu l'Espagne, qui est
de toutes les contrées de l'Europe celle qui
doit le plus à l'Angleterre, n'en frapper pas
moins son commerce des lois prohibitives
les plus sévères. Sûrement elle n'agirait
point d'après d'autres principes, après sa
réintégration en Amérique ; alors, que deviendrait cette immense population qui en
Angleterre vit du travail que produit le
marché de l'Amérique? Où retrouverait-on
les tributs que paie ce travail, et dont l'Angleterre, comme tous les Etats, éprouve
un si grand besoin pour l'entretien de son
trésor qui se vide encore plus prompte-

ment qu'il ne se remplit? Il faut donc revenir à d'autres idées. Toute la question se réduit à ces deux mots :

L'Amérique doit-elle périr, plutôt que de reprendre le joug espagnol ?

L'Europe peut-elle se passer de l'Amérique ?

L'humanité décide la première question.

L'intérêt de l'Europe, la seconde.

Le congrès colonial n'a donc à prononcer que sur ces deux points; tout le reste s'ensuit.

Ce sera à lui de constater ce que l'Espagne peut encore à l'égard de ses Amériques; si la mauvaise guerre qu'elle y fait peut encore avoir quelque efficacité, ou quelque résultat. S'il ne s'agit plus que de tuer des hommes en pure perte de part et d'autre, ce n'est pas la peine de continuer. Ce sera à lui de rechercher si, depuis vingt-cinq ans, il y a eu assez de sang répandu; si la guerre a assez étendu ses ravages; si en Europe elle a assez multiplié les embarras, pour ne pas avoir besoin d'y ajouter ceux de l'Amérique; si, dans l'impossibilité de rapprocher l'Espagne avec ses colonies, dans un combat acharné entre l'humanité et la souveraineté, ce n'est point à celle-ci de céder à l'autre, qui est sa source et son but, et qui, après tout, est son aînée dans le monde.

Mais il n'y a plus un moment à perdre; chaque jour multiplie les désastres; les pertes de l'Amérique, nous ne nous lasse-rons point de le répéter, sont les pertes propres de l'Europe. Tout habitant de moins en Amérique, est un consommateur enlevé à l'Europe, un chaland perdu pour elle, un Européen producteur de moins. L'Europe a autant d'intérêt à la pacification de l'Amé-rique sur des bases solides, c'est-à dire sur des bases naturelles, que l'Amérique elle-même peut en avoir. Ce n'est plus à la possé-der, à la dompter, que désormais on peut as-pirer, mais seulement à la régulariser; c'est là ce qui est vraiment digne de la puissance et des lumières de l'Europe. Entrée la première dans la carrière de la civilisation, l'Europe ne doit plus travailler qu'à y faire entrer à leur tour toutes les parties arriérées du globe, qu'à la leur faire parcourir plus rapidement qu'elle ne l'a fait elle-même. Mais qu'elle ne leur porte pas ce bienfait d'une main parcimonieuse : qu'il s'étende à toutes les parties du monde colonial. Ce n'est que dans un ordre général que peut se trouver le salut commun; que Saint-Domingue y soit compris comme le continent espagnol; que partout on finisse enfin de s'exclure, pour se punir de se méconnaître mutuellement; que partout on travaille pour civiliser ce que l'on ne peut plus posséder, ni réformer; que l'humanité adoucisse la rigueur des arrêts du sort, et que les hommes cessent de méconnaître en d'autres hommes leurs semblables, parce qu'ils ont cessé d'être leurs sujets; alors l'Europe pourra obtenir, à son tour, de l'Amérique, qu'elle adoucisse l'arrêt qui semble bannir la royauté de sa surface, et sûrement ce n'est point là un de ses plus minces intérêts. L'Europe a tout à gagner dans un arrangement qui concilie son honneur avec ses intérêts; mais la plus grande

part dans ces avantages reviendraît encore à
la France. Son état colonial est réduit à
rien ; ses liens de famille lui ferment les
sources auxquelles l'Angleterre et le reste de
l'Europe puisent largement. Ramenée dans
son intérieur à un ordre régulier, par la révolution du 5 septembre, cette restauration
des restaurations, la France doit s'occuper
de refaire le sang qu'elle a perdu, et de
raffermir les ressorts que les commotions
de vingt-cinq ans ont brisés. La France
ne peut jamais être le hors-d'œuvre de
la politique de l'Europe et du monde ;
cette exclusion ne peut lui être réservée de
quelque part qu'elle menace (1), sous un

____

(1) Pendant que l'Etat équivoque de Saint-Domingue, à l'égard de la France, se prolonge, le pavillon français est exclus, et tous les autres s'y montrent :
les marchandises anglaises, la langue anglaise prennent
la place des marchandises françaises et de la langue
française. Depuis qu'on a cessé d'y envoyer des prêtres
catholiques, les Méthodistes s'établissent. Lorsqu'on
reviendra, on trouvera d'autres goûts et un autre Culte.
Cette substitution est le partage de quiconque ne marche

ministre du nom de Richelieu, d'un nom qui rappelle la place qu'il a tenue dans le système qui a long-temps régi l'Europe. Triompher de grandes difficultés, semble être l'apanage de ce nom illustre; et celui qui le porte, en présidant aux conseils de la France, se montrera, pour l'avantage de notre patrie, et pour sa propre gloire, jaloux de conserver ce précieux et honorable héritage.

---

pas à hauteur avec tout le monde. Aujourd'hui les suppléans ne sont pas difficiles à trouver, et l'on est fort habile à hériter.

Ceux de nos lecteurs qui seront curieux de connaître en détail le théâtre des événemens, qui ont donné lieu à cet ouvrage, doivent se procurer la belle Carte de l'Amérique méridionale, dressée par M. Lapie.

Cette Carte, en deux feuilles colombier, imprimée sur beau papier, coloriée avec le plus grand soin, et ornée d'un cartouche dessiné par Moreau, se vend 10 f.

On la trouve chez BRCHET, Libraire, rue des Grands-Augustins, n.° 11;

P.-F. TARDIEU, Graveur-Editeur, place de l'Estrapade, n.° 34.

POST-SCRIPTUM.

DANS l'intervalle du temps qui s'est écoulé entre la composition et la publication de cet écrit, plusieurs faits et plusieurs documens importans sont venus à notre connaissance.

1º L'évacuation de Monte-Video et de la rive gauche de la rivière de la Plata, par l'armée portugaise. Elle a fait là une belle campagne.

2º La retraite de l'armée royale du Pérou, forcée par l'occupation du Chili. Cette armée paraît avoir éprouvé de grandes pertes.

3º L'expulsion de l'Evêque et du clergé du Chili, pour s'être mêlé du différend décidé par les armes.

4º Le discours de S. M. le roi d'Espagne, dans le conseil qui a adopté le nouveau plan de finances. (Voyez le *Moniteur* du 25 juin.)

On lit dans ce discours le passage suivant : « Il « est vrai que la dette publique courante s'est aug- « mentée nécessairement ; que celle des règnes « précédens et la nouvelle forment une somme « considérable; que mes troupes, dignes par leur « conduite de la reconnaissance nationale et de la « mienne, éprouvent des besoins affligeans; qu'elles « manquent de tout ce qui peut être nécessaire à leur

« commodité ; que les casernes tombent en ruine ;
« que les citoyens supportent le pénible fardeau des
« logemens et des bagages militaires ; qu'en plusieurs
« endroits il se commet d'énormes exactions arbi-
« traires ; que la marine est totalement dépourvue ;
« que les côtes de la péninsule et des colonies sont
« en proie aux pirates ; que les troubles de l'Amé-
« rique privent la métropole des ressources les plus
« efficaces ; que les magistrats et presque tous les em-
« ployés voient s'écouler les mois et les années sans
« recevoir leur modique traitement. »

Ce tableau suffit pour donner l'idée de ce que l'Espagne peut faire contre l'Amérique.

Depuis ce temps le grand arsenal de Cadix a péri
dans un incendie.

On doit s'attendre à recevoir de jour en jour des
nouvelles décisives dans les affaires de l'Amérique.

Chaque jour apporte des confirmations aux idées développées dans cet écrit. Le mineur est attaché à toutes les parties de l'édifice de la domination espagnole en Amérique. Les événemens s'y succèdent, s'y pressent de manière à ne donner de relâche ni à l'attention ni à l'Espagne. Mina est descendu dans la province du nouveau Saint-Ander : il n'y trouvera personne pour le défendre. Mac-Gregor s'est porté dans l'île d'Amélia, d'où il pourra se jeter à volonté dans les Florides, ce pays tiraillé par l'Espagne et par l'Amérique qu'il divise entre elles, parce qu'il les sépare, et qu'il fait sentir à la dernière tous les inconvéniens d'une enclave étrangère au milieu de son territoire. Mac-Gregor ne trouvera pas les Florides mieux gardées que Mina n'a trouvé la partie du Mexique dans laquelle il a abordé : partout où domine l'Espagne c'est le même spectacle de délabrement et de misère. Bolivar a remporté de grands avantages sur les débris des forces espagnoles commandées par Morillo lui-même : celui-ci n'avait point péri dans le combat du 17 mars, comme quelques journaux étrangers et français l'avaient annoncé. Il reparaît sur la scène, mais ce n'est point avec éclat, il s'en faut de beaucoup ; il paraît que le plan des indépendans a été de s'emparer de l'intérieur du pays, pour rejeter leurs ennemis sur les points qu'ils occupent encore sur les côtes, et qui se réduiront bientôt à celui de Carthagène seul. En cela ils paraissent avoir eu en vue de priver leurs ennemis de deux importantes ressources : celles du bétail qui couvre les savannes immenses de la Terre-Ferme, ainsi que des chevaux qui y existent en grand nombre, mais dans un état de liberté entière qui les rend impropres au service, sans *éducation préparatoire*. L'Espagne envoie bien en Amérique des cavaliers, mais des cavaliers sans chevaux : elle compte sur ceux du pays ; ce calcul est bon en temps de paix, mais il ne vaut rien en temps de guerre. La possession de cet instrument primaire de la guerre donne d'immenses avantages à celui qui le possède. Lorsque Boves renversa la première république de Venezuela, formée sous Miranda, ce fut à l'aide de sa cavalerie ; maintenant c'est Boliva qui dispose de ce moyen, et qui y trouvera les élémens d'une supériorité irrésistible sur ses adversaires.

L'Espagne se propose d'envoyer quelques renforts à ses armées d'Amérique : on parle de quelques hommes que chaque compagnie par régiment doit fournir. Quand cela sera-t-il prêt, arrivé ? Que trouvera-t-il en arrivant ? Des choses autres que celles que l'on allait chercher. Encore quelques pénibles déboursés en hommes et en argent, et l'Espagne sera au bout de ses inutiles envois, aussi meurtriers pour elle-même que pour ses ennemis. Il faut remarquer deux actes bien disparates qui ont eu lieu des deux côtés, à la même époque. Ils suffisent pour montrer leur esprit réciproque, et ce que l'Europe doit en attendre : le premier est la déclaration de l'agent espagnol en Amérique, par laquelle il donne à connaître que le 1er octobre 1817, l'ouverture du port de la Vera-Cruz cessera d'avoir lieu.

Le second, l'acte du congrès de Venezuela qui modère à six pour cent les droits sur les marchandises de l'Angleterre et des Etats-Unis, comme un témoignage de sa gratitude, et maintient celui de dix-sept pour cent sur les nations dont il n'a pas encore reçu les mêmes signes de bienveillance. Par ces deux actes on voit que l'Europe sera exclue par les uns et admise par les autres, de manière à ce que si l'Espagne triomphe, il n'y ait plus d'Amérique pour elle, et qu'au contraire si c'est l'indépendance, elle jouira de l'Amérique dans toute sa plénitude. Maintenant qu'elle choisisse.

Il paraît que des émigrations considérables et de grands envois d'attirail militaire ont lieu en Angleterre pour l'Amérique;

cela était facile à prévoir : un pays peuplé d'hommes courageux, aventureux, amateurs de fortune, livrés aux spéculations commerciales, devait suivre cette marche; elle est toute dans ses goûts et dans ses intérêts, et ce n'est point de Vatel, mais de Barême qu'il faut parler au commerce. La répression de l'insurrection de Fernambouc, évènement prévu et facile à prévoir, ne fait rien à la cause de l'indépendance : le succès l'eût fortifié, mais son défaut ne ne l'arrête point; il y a cessation de profit, mais point de dommage réel. La question reste la même quant au Portugal et au Brésil; elle est toute entière dans la résidence du roi dans l'un des deux pays. Pour celle qui a fait le sujet de cet écrit, savoir si l'indépendance de l'Amérique avançait ou reculait, il est bien évident que, depuis sa composition, l'indépendance a fait de grands progrès, et c'est la seule chose dont nous avons à nous occuper, dont nous voulons occuper nos lecteurs, et qui forme le résumé essentiel d'une foule de détails qui ne

peuvent manquer de se faire remarquer dans
une scène aussi variée, aussi étendue, aussi
compliquée, et qui, par là même, n'ont de
valeur que par le résultat auquel seul nous
voulons donner de l'attention.

FIN.

PERSONNALITÉS

DES PERSONNALITÉS

ET

INCIVILITÉS

DE LA QUOTIDIENNE ET DU JOURNAL DES DÉBATS.

Ce n'est point sans avoir eu à surmonter une extrême répugnance, que nous nous sommes décidés à descendre aux yeux du public, jusqu'à *la Quotidienne* et au *Journal des Débats*. Pendant quatre ans, nous n'avons opposé que le silence à leurs provocations, à leurs invectives, au ton tantôt arrogant, tantôt bassement familier qu'ils se sont permis à notre égard. Le même sentiment qui nous avait commandé le silence, nous prescrit aujourd'hui de le rompre. L'injure long-temps tolérée peut, au jugement de plusieurs, passer pour une injure acceptée. En France, on lit peu de livres ; dans l'étranger, on ne connaît point les hommes dont les journaux de France ont à s'occuper ; l'instruction, au dehors et au dedans, n'arrive guère que par la voie des papiers publics. On ne connaît donc les ouvrages et les auteurs que par les

10

couleurs sous lesquelles ils les présentent. L'autorité d'une chose imprimée est encore grande dans beaucoup d'endroits ; presque tous les lecteurs éloignés de la capitale, sont étrangers à la connaissance du personnel des rédacteurs ; ils ignorent également à quel parti ils sont attachés, quels intérêts ils servent ou les dirigent ; par conséquent, ils sont, à défaut de pièces justificatives ou d'objets de comparaison, exposés dans leur jugement à des surprises, dont la connaissance de ces mobiles cachés les défendrait. Quiconque habite les départemens, ne peut manquer d'être frappé de cette disposition des esprits. Rien n'est plus commun que d'y entendre dire : *Cela est dans le journal. Comme le journal* traite M. N !...

Plus une arme est dangereuse, plus un homme qui connaît ses devoirs, veille sur son usage et l'emploie avec circonspection. C'est à la fois un superbe privilége et une grande puissance, que celle de pouvoir établir une communication journalière et directe avec les hommes de tous les pays, auxquels l'application aux affaires publiques, devenue générale dans le monde, fait de la lecture des journaux un besoin de première nécessité. Il est loin le temps pendant lequel l'antique *Gazette de France* et *le Courrier d'Avignon* suffisaient aux modestes besoins de la société d'alors.

Ce n'est donc point une chose indifférente que l'action répétée des journaux sur un homme et sur ses

ouvrages; et quiconque aura quelque soin de sa re-
nommée, ne leur abandonnera pas le droit d'en dis-
poser. Il en est sûrement avec lesquels une confiance
aussi étendue ne serait pas trompée ; mais avec ceux
que la passion ou l'esprit de parti domine, il faut savoir prendre ses sûretés : c'est ce que nous devons
faire à l'égard de la *Quotidienne* et du *Journal des
Débats.* Depuis 1814, et cette date dit tout, ces journaux nous ont pris pour but à leurs traits; leurs hostilités étaient d'autant plus blâmables, qu'elles étaient
plus gratuites; à cette époque nous n'avions encore
rien publié; nous ne connaissions aucun des rédacteurs, et nous avons bien la certitude de n'avoir jamais
écrit une ligne qui ait le moindre rapport à leurs personnes ou à leurs feuilles. Nous sommes donc à leur
égard dans la classe des neutres, et ceux-ci ont toujours été un objet de ménagement; nous y avions
droit par le soin constant que nous avons apporté à
éloigner de tous nos écrits jusqu'à l'ombre d'une personnalité : il n'y a que la mauvaise éducation qui
puisse engager un écrivain à se les permettre. Lorsque le récit des cruels événemens qui ont changé l'é-
tat de notre patrie, défilant sous nos yeux comme un
cortége funèbre pour conduire au tombeau notre
grandeur passée, amena sous notre plume des noms
qui se faisaient lire en tête de ce lugubre appareil, nous
ne les avons fait remarquer que sous les rapports de
la part qu'ils avaient eue à nos malheurs : le nombre

en a été réduit aux seuls besoins de l'histoire, et sûrement tout ce qui se trouvait en dehors de cette partie de leur vie publique, a été scrupuleusement respecté. Quand nous avons peint des scènes qui faisaient partie d'événemens trop célèbres, la révélation n'est pas venue de nous; déjà le public les avait appris par les récits des premiers serviteurs des acteurs principaux. Ce que nous avons dit ne peut mériter de blâme; mais ce que nous avons tu, doit nous donner des droits à la reconnaissance. Il ne nous a rien coûté de sacrifier les faciles succès attachés aux révélations qui atteignent les grands; mais nous n'avons point cessé d'avoir devant les yeux le respect dû au malheur, alors même qu'il est mérité, ainsi qu'à un rang que nous vénérons d'autant plus que nous en connaissons mieux l'origine et la destination, et que, semblable à l'or, il nous paraît briller d'un éclat plus vif et plus pur, à mesure qu'on le dégage de la rouille des préjugés.

Nous osons nous flatter qu'aucune de nos publications ne porte un caractère qui puisse faire reconnaître à quelle nation, à quel parti l'auteur appartient, jusqu'à quel point il a pu être atteint personnellement par les événemens qu'il décrit. Depuis le congrès de Rastadt jusqu'à celui de Vienne, en France comme en Allemagne, exilé ou banni, nous avons parlé à tous et de tous avec franchise, impartialité, et sans autre considération que celle de l'intérêt général. Nous abandonnons au public, comme c'est notre devoir, le jugement du fond et de la forme de nos ouvrages : leur terme sera le premier signe certain de mécontentement de sa part ; mais qu'il nous soit permis de revendiquer cette partie des dispositions morales qui ont présidé à leur confection, non comme un titre de gloire, tant l'accomplissement de ce devoir paraît simple, mais au moins comme une carte de sûreté. Qui n'a jamais offensé, peut prétendre à rester à l'abri de l'offense.

Il paraît que cette maxime n'est point à l'usage de la *Quotidienne* ni du *Journal des Débats*. Ce ne sont point de ces ennemis généreux qui arrêtent le combat *au premier sang*, mais bien des champions d'autant plus acharnés qu'ils combattent tout seuls, et qu'on ne leur oppose aucune résistance. Nous ne rappellerons ni la triste et lourde gaîté de M. de Felletz, ni les dédains et les dégoûts de M. Fiévée, déclarant à ses lecteurs que le *Congrès de Vienne* est un pamphlet allemand, mortellement ennuyeux ; que l'auteur est un homme de *parti*, qui cherche un *parti*, qui n'a point sa *partie* liée : entendra qui pourra cette manière expéditive de juger un livre, et peut-être qu'un tel jugement est plus retombé sur le juge que sur le condamné. Mais nous demanderons à M. Hoffmann de quoi et de qui il peut tenir le droit d'entasser, au sujet de vues sur l'ordre colonial, les épithètes inciviles, les locutions, tour à tour basses, familières, outrageantes, qu'il s'est permises dans son examen, ou plutôt dans son travestissement de l'ouvrage *Des Colonies*. Nous avions cru devoir négliger de le redresser pour ce qu'il a écrit sur les Mémoires d'Espagne ; nous pensions qu'un premier écart l'aurait préservé d'un second ; mais puisque c'est une habitude chez M. Hoffmann, il faut bien suppléer à ses oublis passés, et prévenir ses rechutes à venir.

Nous demanderons donc à M. Hoffmann si l'on ne peut examiner les avantages et les inconvéniens de la séparation des colonies avec les métropoles, sans se voir exposé à ses insultes. Il nous paraît que d'immenses avantages sont renfermés dans ce grand acte, soit pour les colonies mêmes, soit pour les métropoles, soit pour le monde entier. Nous le disons avec calme, à la suite de longues méditations : l'intérêt général est le but de l'ouvrage, la raison en est la boussole, les principes sont inébranlables, les conséquences sont certaines, les événemens arrivent en foule pour confirmer les uns et les autres. Qu'y a-t-il là qui puisse provoquer la colère, la haine, l'injure ? Les Colonies sont en révolution : l'avons-nous faite ? Il y aura des malheurs : qui les produit ? Nous qui sommes à mille lieues, ou les maladroits qui sur le terrein les aggravent tous les jours ? Mais l'Espagne perdra ses Colonies. Est-ce donc nous qui les lui arrachons ? Peut-être a-t-elle à gagner en les perdant : c'est un compte à faire. Mais les métropoles perdront leurs Colonies :

autre compte à faire ; encore un coup , apprenez ce qu'en langage colonial veut dire le mot *perdre*. Mais les soldats de Morillo déserteront : nous ne les avons pas envoyés d'Espagne en Amérique , pour y tuer des hommes ennuyés de payer six francs ce qu'ils peuvent avoir pour vingt sous ; nous ne leur avons pas dit de le faire , mais nous avons dit ce qu'ils feront et ce qu'ils ont fait. Il y a loin de l'un à l'autre ; si nous avons brodé l'étoffe , d'autres mains ont fourni le canevas.... Vous pensez que l'ancien ordre colonial est préférable à celui qui tend à s'établir ; dites-le , prouvez-le : vous verrez en quels termes nous parlerons de vos opinions. Vous trouvez notre ouvrage mauvais ; dites-le , vous en avez le droit ; prouvez-le , nous en profiterons ; mais abstenez-vous de formules insultantes , dérisoires , que le ton de la bonne compagnie , et celui que donne la bonne éducation , ne peuvent jamais permettre ni tolérer. Soyez sobre des qualifications générales, *absurdités, extravagances, contradictions , faire trop d'honneur ;* songez qu'un système, long-temps médité , lié dans toutes ses parties , confirmé par les faits , ne s'écroule pas sous le poids léger de minces observations, telles qu'il est si facile d'en faire sur toute espèce d'ouvrages , et qu'il faut avoir étudié une question qui , par sa nature , est étendue, compliquée, importante, pour avoir le droit d'en parler. Ce serait aussi un trop beau privilége , et qu'il faudrait bien leur envier , que celui attribué à des hommes auxquels il suffirait de se faire journalistes, pour savoir dans un jour ce qui coûte quelquefois des années à apprendre. Retenez aussi que l'on ne peut jamais être autorisé à parler au public un autre langage que celui qu'on parlerait devant une société choisie : parce que le public est la première de toutes les sociétés, et celle à laquelle il est dû le plus de respect. Retenez encore que si la justice, dans le jugement sur le fond d'un ouvrage, est également due à tous, les égards dans l'expression doivent être réglés sur le rang que les personnes occupent dans la société ; il n'y a que l'absence absolue des notions des devoirs qui règlent les sociétés policées, qui puisse faire tomber dans la pratique contraire.

Nous demanderons de plus à M. Hoffmann si, en écrivant, un auteur livre au public autre chose que sa pensée écrite, et son ouvrage ; s'il livre sa personne ; s'il abdique le rang qu'il occupe dans la société, pour descendre dans l'arène et y rester exposé aux insultes d'une populace grossière ; s'il renonce aux égards dont la société le fait jouir. Nous lui demanderons quelle est la loi qui rend les écrivains personnellement justiciables des journalistes. Est-ce donc que nous manquons de tribunaux ? A quoi la juridiction des journaux est-elle bornée ? Doit-elle s'étendre aux personnes ou bien aux ouvrages ? Depuis quand la société autorise-t-elle un homme ou quelques sociétaires à faire une déclaration de guerre à un citoyen, à pu-

blier journellement contre lui des manifestes , à ar-
mer en course contre lui, à le blesser continuellement
à la face du monde entier, qui peut se méprendre
sur la nature de l'attaque et sur les motifs du silence
de *l'attaqué* ? Les abonnés demandent-ils compte
aux journalistes de leurs affections personnelles à
l'égard de quelques individus; ou bien attendent-ils
d'eux des notions exactes , parce qu'elles seraient im-
partiales sur le mérite des ouvrages qu'ils peuvent
avoir intérêt de connaître ? La loi, en autorisant la
publication des journaux, a-t-elle voulu remettre en
de certaines mains un glaive dont l'intérêt ou les passions pourraient user à discrétion ? A-t-elle voulu permettre la censure des ouvrages, en vue de propager
les connaissances utiles ; ou bien établir la censure
des personnes, en vue de satisfaire des animosités et
des malveillances ? L'art divin par lequel toutes les
parties de l'humanité s'entendent , se correspondent ,
conversent, pour ainsi dire, ensemble, ce chef-d'œuvre
de l'industrie humaine a-t-il donc été inventé pour
servir des intérêts privés, ou bien pour faire jouir mutuellement les hommes des fruits de leur génie et de
leurs richesses intellectuelles ?.

M. Hoffmann prétend aux honneurs de l'indépendance. Gloire à cette indépendance, provenant à la
fois de la droiture du cœur et de la rectitude de
l'esprit, par lesquelles on se maintient libre contre
toute influence, et l'on ne suit dans ses jugemens que

la conviction qui résulte d'un examen impartial et approfondi ; mais l'indépendance, qui ne se manifeste que par la répartition égale de l'injure, par l'emploi habituel d'expressions outrageantes, de formules dérisoires, en un mot, par l'usage continuel du dictionnaire de l'incivilité, n'est qu'un cynisme impudent fait pour bannir de la société celui qui emprunte à la populace un langage réprouvé par la bonne compagnie. Diogène ne peut avoir droit aux honneurs d'Aristide.

On dit que la consolation des malheureux est de compter des compagnons. Nous devons cette consolation à M. Hoffmann, et de nous l'avoir fait trouver en bonne compagnie ; celle de deux hommes recommandables par d'honorables sentimens, par de vastes connaissances et des talens très-distingués, MM. de Montlosier et Schlegel. Avec quelle prodigalité M. Hoffmann répand sur les extraits de leurs ouvrages les épithètes les plus grossières ! Comme reviennent à chaque instant les qualifications d'absurdités, d'extravagances, les plates bouffonneries ! Tout homme peut se tromper sans doute ; mais une erreur d'opinion politique ou littéraire prête-t-elle donc à cette aigreur de la censure, à cette acrimonie d'expression, à ce ton qu'on croyait disparu du milieu de nous avec les Garasse et leurs pareils ? Nous ne nous ingérerons pas de juger le différend littéraire, élevé entre MM. Hoffmann et Schlegel, sur la prééminence des Muses allemandes et françaises ; mais il semble que les doctes Sœurs qui forment la cour du Dieu poli de l'Hélicon, n'auront pas reconnu l'urbanité, apanage ordinaire de la France, dans le langage du chevalier du Parnasse français. Il est honteux d'être vaincu sur son propre terrain, et c'était bien à M. Hoffmann à faire les honneurs de son pays à un honorable étranger.

Au reste, l'insolence et l'insulte paraissent être des plantes indigènes pour le journal dans lequel s'exerce l'urbanité de MM. Hoffmann, Fiévée et de Felletz : c'est un sol dans lequel elles croissent naturellement, quelque nom qu'il porte, et par quelques mains qu'il soit cultivé. Voyez ce qu'à une époque déjà éloignée, ce journal, alors de l'Empire, attenta contre un des hommes les plus considérés de notre âge, M. l'abbé Morrelet : les ans ni l'estime publique ne purent le défendre. Voyez encore sur quel ton le même journal n'a cessé de s'exprimer sur une femme célèbre (1), que l'éclat et l'étendue de son esprit placent au-dessus de ses contemporaines, et font marcher d'un pas égal avec les hommes les plus éclairés de son siècle ; femme qui, réunissant l'indulgence à la puissance, de ce riche carquois, d'où sont sortis une foule de traits brillans, que tant d'hommes s'empressent de ramasser pour en composer leur parure, n'a jamais tiré une

____

(1) Madame la baronne de Staël.

flèche destinée à blesser qui que ce pût être. Noble emploi de la force! Il est vrai que la force véritable est toujours généreuse, et laisse l'insolence à la faiblesse.

Eh bien! soyons généreux envers ceux qui nous ont offensé, et, pour cela, adressons à la Quotidienne et aux Débats quelques conseils dont ils pourront faire leur profit. Si leur amendement n'a pas lieu, on ne pourra pas nous l'imputer : nous leur dirons donc :

1° Qu'ils feront bien de jeter au feu leur Dictionnaire d'incivilités, pour lui substituer le vrai Dictionnaire français, celui de l'urbanité;

2° Que le calcul qui fait multiplier, répéter, aggraver la calomnie, parce qu'il en reste quelque chose, n'a jamais été admis entre honnêtes gens;

3° Que la personnalité est interdite à tout juge; que le journaliste est tout l'opposé du juge civil, dont le premier devoir est de constater l'identité de la personne, tandis que le juge littéraire doit toujours la laisser à l'écart, et ne voir que l'ouvrage;

4° Qu'ils doivent renoncer à la pratique vraiment déloyale de tordre des paroles, pour en exprimer du venin, pour en faire sortir un sens que l'auteur n'a jamais pensé à leur donner; que c'est travestir un ouvrage, et non point l'analyser, que de tronquer, transposer et rapprocher des passages qui n'ont point de rapport ensemble; qu'il est peu glorieux de triompher, à l'aide de cette commode méthode, de sottises

dont on est le propre père. Un grand ministre disait :
Donnez-moi deux lignes de l'écriture d'un homme, et
je le ferai pendre. Qu'on nous donne quatre phrases
de la Quotidienne ou des Débats, et l'on verra ce que
nous leur ferons dire.

5° Qu'il serait bien temps de mettre un terme à de plates
bouffonneries, qui, déplacées en tout temps et en tous
lieux, le sont encore plus dans l'examen d'affaires de
la nature de celles qui nous occupent. On peut
adresser à ces rieurs de mauvais ton, la leçon que
le grave Sully, transporté dans la cour qui rem-
plaçait celle d'Henri IV, donna à la jeunesse folâtre
qui accourait à son aspect, et s'égayait de son costume
un peu ancien. « Avant de parler d'affaires avec le roi
votre père, dit-il à Louis XIII, nous commencions
par éloigner les baladins et les bouffons de cour. »

Le règne des bouffonneries est passé parmi les Français : ce n'est point un peuple plaisant, ni avec lequel
il soit bien sûr de plaisanter. Ceux-là s'en font une
bien fausse idée, qui peuvent croire que les terribles
scènes des trente dernières années ont passé en pure
perte devant ses yeux. Les Français sont devenus un
peuple grave, réfléchi, inaccessible à tout autre pouvoir qu'à celui de la raison et des principes ; son esprit n'admet plus qu'une nourriture solide, et rejette
ces frivolités que des hommes bien inconsidérés ont la
générosité de lui assigner comme la seule pâture qui
lui convienne. Pour lui, la plaisanterie n'est plus une

occupation, mais un simple délassement; et lorsqu'il consent à y descendre, ou bien à y sourire, il veut y retrouver cette arme qui, dans sa main, fut toujours brillante et légère, destinée à effleurer la poitrine d'un adversaire, et non point à la percer, à la marquer d'une empreinte passagère, mais non point à la teindre de sang.

6° Qu'il serait à propos de cesser d'insulter la génération présente, au nom des vertus de ses pères. Mauvais moyen assurément de concilier aux parens la tendresse de leurs enfans, que de les tenir à une distance humiliante; tout âge a du bon et du mauvais : est-ce une raison pour les faire combattre ensemble? Quelle rage pousse à exhumer les morts pour les mettre aux prises avec les vivans? Notre devoir envers nos pères est de respecter leur mémoire; mais la justice envers nous-mêmes est de ne point craindre la comparaison. Au reste, nous entendons fort bien tous ces éloges de l'antiquité; ce ne sont que des critiques du temps présent : on loue les morts aux dépens des vivans. Nous savons encore que la gloire acquise, ou plutôt entassée par la nation française, pendant les vingt-cinq dernières années, est une gloire importune pour des yeux jaloux; qu'elle pèse à des hommes qui ne peuvent se résigner à concevoir comment les Français se sont émancipés, sans leur permission, au point d'avoir maîtrisé la victoire, d'avoir multiplié les monumens, agrandi le domaine des arts et de l'esprit : ils attendront long-temps avant de les voir faire amende, honorable de toutes ces libertés. *Endurcis dans leurs, triomphes, les Français ne peuvent croire avoir tou-\ ché à un fruit défendu, en portant la main sur les, lauriers*..... Il est réservé à la populace de souiller de ses ordures les statues et les monumens publics, comme il l'est aux Barbares de chercher à se grandir, en prenant des ruines pour piédestal.

7° Que des cris répétés contre l'impiété, des excla-, mations continuelles sur la religion, des lamentations sur la perte des mœurs, dans la bouche d'hommes du monde, parmi lesquels, si l'on y regardait de bien près, on pourrait trouver des fronts sur lesquels le plus jeune signe de croix a vingt-cinq ans de date, sont au-tant de déclamations qui ne peuvent passer que pour des cris de maîtres d'armes qui méditent des feintes, et veulent détourner l'attention de l'endroit où ils adressent leurs coups !

8° Qu'il est temps de rendre quelque dignité au lan-gage, qui, sous la plume de trop d'écrivains, tombe dans la bassesse et la dégradation ; et, pour cela, qu'il serait bon de cesser de conjuguer et de décliner à tout propos tous les temps du verbe *daigner* et tous ceux de l'adjectif *auguste*. Que l'on parle toujours avec res-pect et convenance de ceux que les lois nous indiquent comme les objets constans de nos respects : qui pour-rait songer à s'écarter de ce devoir ? Mais est-il donc nécessaire de dire sans cesse : *Il daigne, il a daigné, il daignera ; l'auguste époux de l'auguste épouse l'au_* *guste sœur de l'auguste frère,* et mille autres fadaises également serviles? Or, la servilité est au respect ce que l'antichambre est au salon (1).

---

(1) La niaiserie des annonces dans les papiers publics est arrivée à un degré vraiment déshonorant pour cette partie de la littérature.

Un antique chevalier de Saint-Louis, protégé par la plus profonde obscurité, après trente-cinq ans des plus pénibles travaux, est parvenu à la mairie de son village; il succombe sous le poids du travail et des ans : la Parque a tranché le fil usé des jours de ce preux. Voilà les journaux en deuil; il faut que la douleur du hameau se communique à toute la France; il faut qu'elle soit inconsolable, et ce qu'il y a de plus lugubre dans tout ceci, il faut qu'elle subisse le récit des qualités héroïques du défunt. Monsieur le curé termine sa carrière au milieu d'un troupeau dont il faisait les délices, la France ne doit pas perdre un mot de tout ce qu'il a dit à son sacristain et à une demi-douzaine de vieilles femmes, témoins nécessaires de cette fin édifiante ; la France doit pleurer autant que la paroisse. C'est ainsi qu'elle apprend tous les jours par la grandeur de ses pertes, celle des trésors cachés qu'elle recélait dans son sein sans le savoir : la modestie des défunts les avait dérobés à ses hommages ; et, à la manière des Saints, ils avaient réservé leurs miracles pour le temps qui les enlève à la terre. Souvent on a vu des desservans ne pouvoir passer d'un poste à un autre, que par une route jonchée des fleurs de la rhétorique de journaux mis en mouvement par ce grand événement... Quel est le poète qui a dit, en parlant de tous ces éloges:

> A la tête on les jette,
> Et mon valet de chambre est mis dans la gazette?

9° Qu'avant d'user de ses priviléges, il faut montrer ses titres. Des écrivains aussi tranchans, aussi confians, aussi insultans que le sont ceux de la Quotidienne et des Débats, devraient bien montrer leurs œuvres, les preuves de leurs talens, les services qu'ils ont rendus, le rang qu'ils occupent dans la société, dans la consi-

----

Rivarol aurait beau jeu à faire un supplément au petit Almanach des grands Hommes.

Chaque chose doit avoir son style propre; chaque événement sa place, suivant sa nature : les papiers publics ne sont faits que pour les actes de quelque importance et pour les hommes de quelque volume.

Ce qui vient d'être noté n'est que ridicule. Voici qui présente un autre caractère :

Tout le monde applaudit à l'affermissement de l'empire nécessaire, bienfaisant, légitime et moral de la religion; tout le monde applaudit à l'accomplissement des devoirs qu'elle prescrit; mais que prétend-on faire avec cette affectation à noter chaque action religieuse de ces certains personnages, chaque colonne de reposoir, chaque coup d'encensoir; à proclamer avec des détails bien minutieux, et quelquefois en compagnie de noms que l'on n'attendait guère, que l'armée a fait sa première communion, et la gendarmerie ses Pâques; que deux ou trois personnes ont été baptisées, vingt autres confirmées?... Que les auteurs de ces publications songent donc que les papiers publics ne sont point des registres de sacristies, et que l'Europe nous lit.... Leurs intentions sont très-bonnes, nous n'en doutons point; mais ils s'exposent à les voir manquer le but. *Non tali auxilio, nec defensoribus istis tempus eget.*

…dération publique. On a beau les demander; il ne parvient d'autre réponse que celle qu'un poète célèbre a mise dans la bouche d'un artiste égaré dans les obscurités d'un labyrinthe :

Je ne vois que la nuit, n'entends que le silence.

Or, la nuit est amie de l'ombre, et l'obscurité commande la modestie.

10° Que la *Quotidienne* et les *Débats* doivent réunir leurs deux banques, pour combler l'horrible déficit d'idées qui les afflige, et se cotiser pour arriver enfin, si pourtant cela ne les gêne pas trop, à nous dire quelque chose de neuf, et à ne plus composer tous leurs articles avec une demi-douzaine de mots qu'ils n'entendent guère, et surtout qu'ils n'oseraient expliquer, mais que nous entendons fort bien, et que nous leur expliquerons, s'ils nous y forcent. Qu'ils se souviennent que l'ennui naquit un jour de l'uniformité : cet enfant est resté chez eux un fils très-légitime. Prennent-ils donc les Français pour des aveugles, incapables de percer les voiles transparens dont ils s'enveloppent, ou pour des dupes que l'on mène avec quelques paroles magiques, c'est-à-dire, vides de sens ?

11° Que la prudence doit prendre la place que devrait tenir la justice; que, lorsqu'on a le malheur de sortir meurtri de toute attaque, lorsqu'on n'en compte les combats que par les défaites, il faut éviter les fâcheuses rencontres; or, voilà ce qui arrive à la *Quotidienne* et aux *Débats*, chaque fois qu'ils entrent en campagne. Chaque fois, ils peuvent dire avec le prince troyen : *Arma amens capio, nec sat rationis in armis.* Voyez en q el état le triste Felletz vient de sortir des mains de M. Azaïs. Voyez quelles réponses a fait pleuvoir sur les *Débats* la manie de faire de l'esprit en opposant l'esprit du siècle à ses mœurs, en nous apprenant que *l'esprit est à la république par son indépendance*, et que *les mœurs sont à la monarchie par leur corruption*; ne voilà-t-il pas des bases bien honorables et bien solides, données aux monarchies actuelles (1)?

____

(1) Si nous n'avions pas horreur du style de la *Quotidienne* et des *Débats*, nous dirions qu'il ne fut jamais proféré une balourdise plus complète, un contresens plus formel, que l'assertion ci-dessus. Tout est en faux, le fait et le droit. Jamais il n'y eut moins de républiques; elles ont disparu de l'Europe. La Suisse n'est point une république; on a laissé, je crois, Saint-Marin comme échantillon : Lucques même n'a point échappé à la ruine commune. Si le siècle était républicain, tout serait république, d'après la règle certaine, et dont nous avons rapporté assez de preuves dans le corps de cet écrit : que, dans un siècle, tout se fait d'après l'esprit du siècle. A quoi bon se tourmenter pour rechercher quel est l'esprit du siècle ? Il se montre partout; il est constitutionnellement monarchique, et rien de plus. L'esprit républicain est en Amérique; à la bonne heure. Là, il se montre à découvert; là, il y aura des républiques, quelque chose que l'on fasse pour l'empêcher, et toujours par la même raison, l'esprit

12° Que la *Quotidienne* et les *Débats* peuvent trouver dans le ton de cet article, que ce n'est point la
frayeur qui nous avait fait garder le silence, et qu'ils
doivent s'imputer à eux seuls s'il a été rompu. Que
leur tour de se taire soit arrivé ; c'est tout ce que nous
attendons d'eux, et qu'enfin, après tant de paroles
aigres et déplacées, ils nous accordent de jouir des
douceurs de leur silence. Terminons cette discussion
qui a eu pour objet l'intérêt public bien plus que le
nôtre, par demander à tous ces écrivains où ils pré-
tendent nous mener? Que veulent-ils avec leurs éter-
nelles déclamations ? Ils ont tant parlé du règne des
gladiateurs : que gagneront-ils à le changer contre
celui des diffamateurs ? Ils ont beaucoup reproché
des vices emportés et féroces : serons-nous beaucoup
plus anoblis par des vices bas et abjects? Si les Ro-
mains furent les maîtres du monde avec les vices des
conquérans, les Grecs du Bas-Empire furent la proie
de tout le monde avec les vices dégradans des esclaves. On dirait que certains écrivains voudraient faire
de notre grande France une petite ville. A une certaine
époque, les perquisitions, les inquisitions, les déla-

---

général. Mais, en Europe, il n'y a qu'un esprit, qui est l'esprit
constitutionnel, qui finira par l'emporter.

Mens agitat molem et toto se corpore vestit.

Si l'esprit républicain s'y introduit, ce sera parce que l'on n'aura
pas satisfait l'esprit constitutionnellement monarchique.

tions, aidaient merveilleusement à la bonne œuvre; le 5 septembre 1816 les a arrêtées en bon chemin; aussi, n'est-il pas en grande faveur auprès de ces messieurs; mais qu'importe, s'il l'est auprès de tous les Français ?

La haine ou l'amour de ce salutaire 5 septembre est le point de ralliement, la ligne de démarcation entre les Français : aimer ou haïr le 5 septembre est en politique ce qui les distingue.

Pour remettre quelque ordre dans la partie troublée du territoire de la république des lettres, qui est occupée par les journaux, nous avons souvent formé le vœu 1° de voir une plume habile, autant qu'impartiale, tracer l'histoire des journaux pendant la révolution, depuis ce Rivarol si étincelant d'esprit, si fertile en aperçus nouveaux et lumineux, si riche en comparaisons brillantes et souvent justes, si abondant en expressions pittoresques et gracieuses, en plaisanteries vives, ingénieuses, malignes sans être offensantes, dernier modèle de la gaîté française, depuis le sage et profond Mallet du Pan, jusqu'aux papiers publics de nos jours. Il ne serait point dépourvu d'utilité, pas plus que d'intérêt, de curiosité, de rechercher l'origine de ces écrits, les talens qu'ils ont développés, l'influence qu'ils ont exercée, le bien et le mal qu'ils ont pu faire.

2° Fixer les attributions, la compétence véritable des journaux.

3° Déterminer la nature des garanties que l'on pourrait exiger d'eux.

4° Traiter des biographies des hommes vivans, cette continuation des œuvres de l'illustre comte de Baruel Beauvert.

5° Dire ce que peuvent être dans un ordre constitutionnel les censeurs des journaux; comment ils peuvent être autorisés à arrêter dans les journaux les publications relatives à des ouvrages que l'autorité supérieure n'a point prohibés; en un mot, comment ce qui est permis en gros peut être défendu en détail.

Tout ce qui se trouve dans cet article, ne concerne que les écrivains auxquels Boileau adresse le conseil renfermé dans les deux vers suivans :

C'est peu d'être agréable et charmant dans un livre,
Il faut savoir encore et converser et vivre.

9 782014 077605